생각정리를 잘하면
스피치는 덤이다!

한 장으로 마스터하는 생각정리스피치

	제목	생각정리스피치
	부제	말하기와 글쓰기를 동시에 잡는 법
1장	생각정리의 필요성	생각정리를 잘하면 스피치는 덤이다
		어떻게 하면 대본을 쉽게 외울 수 있을까?
		말을 잘할 수 있는 추월차선을 타라
2장	시작과 마무리	기분 좋은 사람으로 기억되는 자기소개 방법
		오프닝 멘트, 최소 10가지 만들기
		상대의 마음을 확실히 사로잡는 엔딩 기술
3장	본론 만들기	'말문'과 '글문'이 열리는 '질문'의 비밀
		내용의 흐름을 만드는 8가지 패턴
		상대의 뇌에 꽂히는 설명의 기술
4장	자료수집	스피치 실력은 자료를 보면 알 수 있다
5장	제작과정	생각이 말이 되는 스피치 제작과정

생각
정리
스피치

말하기와 글쓰기를 동시에 잡는 법

생각정리스피치

초 판   1쇄 발행 2018년 1월 20일
초 판 43쇄 발행 2022년 11월 30일
개정판   1쇄 발행 2023년 5월 20일
개정판   5쇄 발행 2024년 8월 30일

지은이 복주환
펴낸이 백광옥
펴낸곳 ㈜천그루숲
등 록 2016년 8월 24일 제2016-000049호

주 소 (06990) 서울시 동작구 동작대로29길 119
전 화 0507-0177-7438   팩   스 050-4022-0784
이메일 ilove784@gmail.com   카카오톡 천그루숲

기획/마케팅 백지수
인쇄 예림인쇄 제책 예림바인딩

ISBN 979-11-93000-09-0 (13320) 종이책
ISBN 979-11-93000-10-6 (15320) 전자책

말하기와 글쓰기를 동시에 잡는 법

생각정리 스피치

· 복주환 지음 ·

생각정리를 잘하면 스피치는 덤이다!

스타 강사들의 <스피치 대본> 전격 분석

천그루숲

〈생각정리스킬〉 강의를 접한 많은 학습자들은 '생각을 정리하는 방법을 배웠을 뿐인데, 스피치 실력까지 덤으로 향상되었다'고 말한다. 한 학습자가 '생각정리클래스(thinkclass.co.kr)'에서 강의를 듣고 다음과 같은 후기를 남겼다.

"저는 내성적인 성격으로 어렸을 때부터 남들 앞에서 말하는 것이 두려워 고민이 많았습니다. 스피치 학원을 갈까 고민을 하다 우연히 알게 된 생각정리 정규과정에 참석하게 되었는데요. 분명 생각을 정리하는 방법을 배웠는데 스피치 실력이 눈에 띄게 향상되어 놀랐습니다."

어떻게 이런 일이 가능할까? 아마 처음 이런 말을 듣게 되면 놀랄 수도 있다. 하지만 필자가 보기에는 그다지 놀라운 결과가 아니다. 생각과 말은 서로 연결되어 있기 때문에, 생각정리를 잘하면 스피치를 잘하게 되는 것은 당연한 이치다. 두서없이 생각하면 두서없이 말하게 되고, 논리적으로 생각하면 논리적으로 말하게 된다.

그동안 국내는 물론 해외까지 수십만 명 이상의 학습자를 만나며 〈생각정리스킬〉을 전했다. 학습자들은 교육을 통해 생각정리뿐만 아니라 '말하기'와 '글쓰기' 실력이 점차 향상되었다. 직장에서 승진하신 분도 있었고, 취업하기 어려운 이 시기에 면접에 합격했다는 기쁜 소식도 듣게 되었다. 중요한 협상에서 성공한 사람도 있는가 하면, 자신만의 콘텐츠를 만들어 강사로 멋지게 데뷔한 분도 있었다.

이러한 소식이 자연스럽게 입소문으로 퍼져나가 서울·대전·대구·부산·제주 등 전국적인 강의를 하게 되었다. 그리고 기업체, 공공기관, 대학교 등에서 '생각정리클래스' 교육으로 인해 학습자들의 업무능력(기획력/말하기/글쓰기)이 향상되었다는 평가를 받았다. 지금은 법무연수원 초빙교수로 위촉받아, 대한민국에서 가장 논리적이고 이성적이라는 검사들을 대상으로 정기적으로 교육을 진행하고 있다.

생각정리 교육을 통해 사람들이 변화하는 모습을 보면서 '생각정리클래스'의 교육은 전 국민 모두에게 꼭 필요한 커뮤니케이션 기술이라는 확신이 들었다. 책을 집필해야겠다고 생각하게 된 이유는 먼 지역에서 교육을 받고 싶지만 여건상 오지 못해 아쉬워하는 분들이 많기 때문이다. 그동안의 교육내용을 콘텐츠로 정리해 첫 책인 《생각정리스킬》을 출간했다. 출간 즉시 '네이버 책' 자기계발 베스트셀러 1위로 선정되었고, '교보문고' 시선집중 자기계발서, 'YES24' 기획/아이디어/보고서 분야 1위를 차지했다. 태국과 대만 등 해외에서 번역 출간되기도 했다. 이에 힘입어 '생각정리' 시리즈 2탄인 《생각정리스피치》와 3탄 《생각정리기획력》을 집필할 수 있었다.

이 책《생각정리스피치》는 총 5장에 걸쳐 '말하기와 글쓰기를 동시에 잡는 방법'을 담고 있다.

제1장은 스피치를 준비하는 과정에서 생각정리가 왜 필요한지 소개한다. 저절로 외워지는 대본 만들기, 말을 잘할 수 있는 추월차선을 타는 법, 스타강사들의 대본을 분석하여 내 것으로 만드는 방법을 설명한다.

제2장은 스피치의 시작과 마무리 방법을 소개한다. 기분 좋은 사람으로 기억되는 자기소개, 오프닝 멘트를 10가지 버전으로 만드는 방법, 상대의 마음을 확실히 사로잡는 엔딩 기술 등을 설명한다.

제3장은 본론을 만드는 방법이다. 질문을 통해 스피치 내용을 구체적으로 만드는 법, 상대의 뇌에 꽂히는 7가지 설명의 기술, 스타강사들의 대본에 숨겨져 있는 비밀 등을 설명한다.

제4장은 자료 수집 방법이다. 스피치 실력은 자료를 보면 알 수 있다. 자료는 어디서 찾을까? 스피치에 어떻게 활용할까? 자료를 수집하고 관리하는 필자의 모든 노하우를 아낌없이 담았다.

제5장은 필자의 실제 사례를 바탕으로 강의(스피치)가 만들어지는 과정을 공개한다. 스피치를 요청받으면 누구나 두렵다. 그 과정을 어떻게 극복할 것인지, 생각이 어떻게 말이 되는지 그 과정을 정리했다. 스피치를 준비하는 모든 과정이 '생각정리'다!

부디 이 책이 많은 독자분들에게 도움이 되었으면 좋겠다. 스피치를 준비하는 과정에서 막막할 때면 언제든 펼쳐볼 수 있는 친절한 안내서가 되길 바란다. 나의 비전은 전 국민 모두가 생각정리를 잘할 수 있도록 돕는 것이다. 《생각정리스킬》에 이어 《생각정리스피치》를 출간한 이유도 바로 그 때문이다. 교육이란 말을 뒤집으면 육교가 된다. 육교는 다리다. '교육'이란 학습자에게 다리를 놔주는 것이다. 길이 없으면 절망이지만, 길이 있으면 희망이 보인다. 이 책이 당신의 스피치 실력을 향상시키는 다리 역할을 할 수 있기를 바란다.

> "나에게 나무를 벨 시간이 주어진다면
> 도끼를 가는데 80%를 쓰겠다."

'준비'에 대한 아브라함 링컨의 말이다. 만약 당신에게 스피치를 준비할 시간이 주어진다면 무엇부터 하겠는가? 생각정리부터 시작해 보자! 말은 다듬을수록 정교해진다. 그리고 힘이 생긴다. 당신의 말 한마디는 누군가를 설득할 수 있으며, 누군가에게는 희망이 될 수 있고, 어떤 이의 인생을 바꿀 수도 있다. 그 한마디는 바로 '진심'이다. 우리가 스피치를 하는 이유도 바로 진심을 전하기 위해서가 아닐까? 《생각정리스피치》를 통해 당신의 진심을 전할 수 있는 스피치를 멋지게 완성하기 바란다.

끝으로 책이 출간되기까지 많은 분들의 도움이 있었다. 이 지면을 빌어 생각정리클래스 가족 여러분들과 천그루숲 백광옥 대표님께 감사의 말씀을 전하고 싶다. 그리고 어머니, 정말 사랑합니다!

복주환

차례

스피치를 잘하려면
생각정리부터 시작하라!

자, 지금부터 다음 문장을 소리 내어 읽어보자!

한영양장점 옆 한양양장점

한양양장점 옆 한영양장점

처음 발음 연습을 해보는 사람들은 십중팔구 틀리게 된다. 자주 사용하지 않는 발음하기 어려운 단어이기 때문이다. 잠시 입을 최대한 크게 벌렸다 오물이기를 세 번 반복하여 얼굴 근육을 풀어준 뒤 다시 한 번 소리 내어 다음 문장을 정확히 따라해 보자.

들의 콩깍지는 깐 콩깍지인가 안 깐 콩깍지인가

깐 콩깍지면 어떻고 안 깐 콩깍지면 어떠냐

깐 콩깍지나 안 깐 콩깍지나 콩깍지는 다 콩깍지인데

발음은 혀와 밀접한 관련이 있다. 혀가 긴장되어 있으면 발음하기 어렵다. 혀를 껌이라 생각하고 5초 동안 씹어 풀어준 뒤 다음의 마지막 문장에 도전해 보자. 쉽지 않은 발음이다. 빠른 속도로 문장을 소리 내어 읽어보자.

챠프포프킨과 치스챠코프는 라흐마니노프의 피아노

콘체르토의 선율이 흐르는 영화 파워트웨이트를 보면서

켄터키 후라이드 치킨, 포테이토 칩, 파파야 등을 포식하였다

여기서 잠깐, 발음을 따라하다 문득 책 제목이 《생각정리스피치》인데 생각정리가 아니라 발음 연습부터 시작하는 게 좀 이상하다는 생각이 들지는 않았는가? 이 책을 선택한 당신에게 한 가지 질문을 하고 싶다.

"발음, 발성, 목소리 연습을 많이 하면

과연 스피치 실력이 좋아질까?"

어떻게 생각하는가? 10년 동안 발음 연습을 해왔던 나는 자신 있게 말할 수 있다. 발음 연습을 열심히 하면 발음이 좋아지고, 목소리 훈련을 열심히 하면 목소리가 좋아진다. 스피치에 대한 우리의 착각은 표현법을 훈련하면 말까지 잘할 수 있다고 믿는 것이다. 발음, 발성, 목소리는 스피치에 있어서 충분조건이 아닌 필요조건이다. 좋은 목소리가 신뢰도와 호감을 높이는 중요한 요인이지만 목소리가 좋아진다고 말까지 잘하게 되는 것은 아니다. 방송인 김제동, 유시민 작가, 노무현 전 대통령을 떠올려보자. 그들은 아나운서처럼 목소리가 좋은 편도 아니며 심지어 사투리까지 사용한다. 그럼에도 불구하고 사람들은 그들의 말에 귀를 기울인다. 왜 그럴까? 들을만한 가치가 있는 말이기 때문이다.

우리가 원하는 건 표현법이 아니다

온라인 서점에서 '스피치'와 관련된 도서를 찾아보니 외국 도서를 포함해 2만 건이 넘게 검색되었다. 그럼, 스피치 책에는 주로 어떤 내용들이 있을까? 오프라인 서점에 진열되어 있는 스피치 관련 도서 300권을 무작위로 뽑아 목차를 살펴봤다. 대부분 표현법에 관련된 내용으로, 발음·발성·제스처를 잘할 수 있는 스피치 표현법을 다루고 있었다. 저자들의 직업은 아나운서, 리포터, MC 출신이 가장 많았다. 그러다 보니 주 내용은 아나운서처럼 발음 잘하는 방법, 좋은 목소리 만들기, 상황별 멘트 만들기 등이 서술되어 있었다. 아쉬웠다. 스피치의 '내용'을 잘 만들 수 있는 방법을 구체적으로 제시하는 책이 드물었기 때문이다.

  우리는 스피치가 매우 중요한 시대에 살고 있다. 21세기는 지식산업사회다. 지식이 가치를 창출하고, 아이디어로 능력을 인정받고, 생각으로 세상을 움직이는 사회다. 생각은 타인에게 전해질 때 비로소 가치를 얻는다.

사람들과의 관계에서 생각은 말을 통해 전달된다. 직장인들은 영업을 위해 프레젠테이션을 하고, 대학생들은 학점을 위해 과제 발표를 한다. 취업준비생들은 면접을 위해 스피치를 준비하고, 강연자들은 무대에서 해야 할 말을 준비한다. 이처럼 많은 사람들이 다양한 목적으로 말을 하며 살아가고 있다. 하지만 '말하기'란 쉬운 일이 아니다. 사람들 앞에 서면 매번 떨리고, 논리적으로 설득되지 않고 명쾌하게 설명하지 못해 고민한다. 어떻게 하면 이 문제를 해결할 수 있을까?

'말하기'와 '글쓰기'를 동시에 잡는 방법

이 책을 펼친 당신처럼 나도 말을 잘하고 싶었다. 나 역시 오랜 시간 동안 형편없는 스피치 때문에 많은 콤플렉스에 시달렸다. 목소리는 좋은 편이었지만 사람들에게 내 생각을 논리적으로 전달하지 못해 고민이었다. 책을 통해 공부하면 나아질까 싶어 수백 권의 스피치 책을 읽었다. 스피치 수업도 들어봤다. 그러나 표현법 위주의 커리큘럼으로는 한계가 있었다. 내게 필요한 것은 '지금 즉시 머릿속 생각을 정리해 명쾌하게 말하는 스킬'이었다.

방법을 고민하던 중 문득 '글쓰기 책을 읽어보면 어떨까?' 하는 역발상을 했다. 말과 글이 서로 연관성이 있지 않을까? 어쩌면 글쓰기 책에 내가 원하는 정보가 있을지도 모른다는 생각에 그때부터 관련 책을 모두 읽기 시작했다. 그리고 글쓰기를 공부하는 과정에서 유레카를 외쳤다. '주제를 선정하는 방법' '소재를 찾는 방법' '논리를 구성하는 방법' 등 스피치를 잘하기 위한 생각정리의 기술이 '글쓰기' 책에 모두 있었기 때문이다.

이어서 '기획'을 공부했다. 기획이란 무엇인가? 한마디로 생각정리의 기술이다. 글쓰기와 말하기는 결국 기획부터 시작된다는 것을 깨닫게 되었다. 아이러니하게도 스피치 책이 아니라 글쓰기와 기획을 연구하며 말을 잘할 수 있는 원리와 방법을 찾게 되었다. 그렇다! 생각과 글과 말은 모두 연결되어 있었다. 그 생각을 왜 못했을까? 말 따로 글 따로 배워야 한다는 고정관념이 있었기 때문이다.

말하기와 글쓰기를 동시에 잘하고 싶다면 스피치 대본부터 제대로 만들어 보자. 대본을 만드는 과정에서 '글을 쓰는 능력'이 향상되고, 말하는 과정에서 '스피치 능력'이 강화된다.

이때 스타강사들의 스피치 대본을 교과서 삼아 분석하면 스피치 실력을 빠른 속도로 향상시킬 수 있다. 그들은 도대체 우리와 무엇이 다른 것일까? 예를 들면 김미경 강사의 말은 왜 이렇게 공감이 되고, 김창옥 교수는 무엇 때문에 그렇게 재미있는 것일까? 또 손석희 앵커는 어떻게 논리적으로 생각하는 것일까? 이러한 질문을 던지며 그들의 스피치 대본을 연구하고 나의 것으로 만들어야 한다. 이것이 바로 스피치 실력을 빠른 속도로 향상시킬 수 있는 지름길이다.

《생각정리스피치》를 제대로 읽는 방법

첫째, 스타강사를 분석하자!

말을 잘하고 싶다면 말 잘하는 사람들을 교재로 삼아야 한다. 이 책에는 '김미경, 설민석, 김창옥'과 같은 스타강사들의 사례와 언론인들이 뽑은 가장 말 잘하는 사람인 '손석희' 앵커의 사례가 담겨 있다. 그들이 말을 잘하는 이유는 무엇일까? 그들의 스피치 대본에는 어떤 비밀이 숨겨 있을까? 단순히 모방하는 것이 아니라 그들의 말속에 담긴 생각을 분석해야 한다. 그들의 스피치 논리와 패턴을 분석하여 나의 것으로 만들어 보자.

둘째, 실천하면 내 것이다!

《생각정리스피치》는 스피치를 잘하고 싶은 당신을 위한 책이다. 책을 읽기만 하면 이해에서 끝나지만 이것을 실천하면 나의 것이 된다. 직접 해봐야 실력이 향상된다. 책 중간중간 연습할 수 있는 빈칸을 마련해 두었다. 소리 내어 따라해 보고, 예시를 참고하여 나만의 스피치 대본을 만들어 보자. 이 책의 완성은 당신에게 달려 있다는 것을 기억하라!

셋째, 순서대로 읽고, 여러 번 읽자!

제1장의 내용은 필수로 읽고, 제2장 '시작과 마무리'와 제3장 '본론 만들기'는 순서대로 읽기를 권한다. 제4장 '스피치 자료수집'은 실제로 스피치를 준비할 때 참고하길 바란다. 제5장 '스피치가 제작되는

실제 과정'을 읽으며 간접 경험해 보는 것도 스피치를 이해하는데 좋은 공부가 된다. 한 번만 읽지 말고, 세 번 이상 반복해서 읽자. 그렇게 한다면 이 책을 완전히 당신의 것으로 만들 수 있을 것이다.

《코스모스》를 쓴 칼 세이건(Carl Sagan, 1934~1996)은 어린 시절 '별은 무엇일까?'라는 단순한 질문을 끝까지 파고든 결과 과학자가 되었듯 나 역시 '진짜로 말을 잘하는 방법'이 무엇인지 10년 동안 질문을 던진 끝에 결국 말을 잘할 수 있는 원리를 깨닫게 되었다.

내가 고민했던 10년을 당신도 처음부터 경험해야 한다면 엄청난 시간과 노력을 기울여야 할 것이다. 하지만 우리는 항상 시간이 없다. 이 책을 집어 든 이유도 소중한 시간을 사기 위해서가 아닌가? 그렇다. 나는 당신의 방황하는 시간을 단축시켜 주고 싶다. 올바른 방향과 제대로 된 스피치 방법을 전해주고 싶다. 이 책을 읽고 나면 스피치를 준비할 때 생각정리를 하는 방법도 함께 얻게 될 것이다. 그리고 '생각정리'야말로 스피치를 잘할 수 있는 최고의 방법이라는 것도 깨닫게 될 것이다.

자, 이제 당신 차례다. 스피치 실력을 업그레이드 할 준비가 되었는가? 마지막 장을 덮는 순간, 이 한마디가 당신 가슴 속에 새겨지길 바라며 지금부터 이야기를 시작한다.

"생각정리를 잘하면 스피치는 덤이다!"

◆

1장

생각정리를 잘하면 스피치는 덤이다!

◆

01

가짜로 말 잘하는 사람 vs
진짜로 말 잘하는 사람

가짜로 말을 잘하는 사람

보통 독자들은 스피치 관련 책을 쓴 저자들은 처음부터 말을 잘하는 사람이라고 생각할 수 있는데 오히려 그렇지 않은 경우가 더 많다. 어린 시절 나의 콤플렉스는 '가짜로' 말을 잘하는 것이었다. 나는 '진짜로' 말을 잘하는 사람이 되고 싶었다.

선천적으로 목소리가 좋았던 나는 부모님의 권유로 유치원부터 중학교 2학년 때까지 웅변학원에 다녔다. 매년 웅변대회에 나갈 때마다 최우수상 아니면 대상을 받곤 했다. 덕분에 선생님과 친구들은 항상 말 잘하는 나를 칭찬해 주었고, 장기자랑 행사의 사회는 언제나 내 몫이었다. 화려한 상도 친구들의 인정도 모두 만족스러웠다. 그런데 중학생이 되고 규모가 큰 웅변대회에 나갈 시점이 되었을 때 웅변대회에 나가는 것에 대해 회의감이 느껴지기 시작했다. 기나긴 고민 끝에 부모님께 내 생각을 말씀드렸다.

"웅변대회에 더 이상 나가지 않겠습니다!"

나의 갑작스러운 통보에 부모님은 당황해 하셨다. 성인이 될 때까지 웅변을 특기로 키워나가길 바라셨던 부모님은 그동안 쌓아왔던 경력과 노력이 아까우니 다시 한 번만 생각해 보라고 설득하셨다. 하지만 나는 더 이상 무대 위에 오를 자신이 없었다. 그동안 받았던 상들이 '진짜' 나의 것이 아님을 알고 있었기 때문이다. 나는 알고 있었다. 웅변대회에서 내뱉었던 말은 모두 내 생각이 아니라 웅변학원 선생님의 것이라는 것을!

사실 내가 했던 말은 '내 말'이 아니었다. 나는 앵무새일 뿐이었다. 웅변대회가 다가오면 선생님은 나에게 잘 어울리는 원고를 하나 작성해 주셨다. 그러고는 녹음기를 켜놓고 우렁찬 소리로 또박또박 읽어나갔다. 말의 속도와 강약을 조절하며 강조를 해야 할 곳까지 상세히 알려주셨다. 집에 돌아와 한 달 동안 내가 해야 할 일은 주어진 원고를 달달달 외우고, 녹음테이프를 들으며 선생님과 똑같이 따라하는 것이었다. 원고 내용 중에는 어린 내가 이해하지 못하는 어휘가 수두룩했다. 단어의 뜻도 모르는데 대본의 구성이나 논리는 알 길이 없었다. 일단 대회에 나가 상을 받기 위해서는 무작정 외우고 보는 게 답이었다. 대회 당일에는 '제발 대사를 까먹지 않게 해주세요' 마음 속으로 기도를 하고 무대에 올랐다. 짧게는 5분 길게는 15분 가량 웅변을 하고 무대에서 내려온다. 다행히 나는 다른 참가자들보다 목소리가 좋은 편이었다. 게다가 원고의 내용도 좋았기 때문에 대사만 틀리지 않으면 좋은 상을 받을 수 있다는 사실을 알고 있었다. 오랜 연습으로 단 한 번도 대사를 까먹은 적이 없었는데, 그로 인해 결과는 날마다 최우수상이나 대상과 같은 큰 상을 받게 되었다.

중학교에 올라가고 사춘기가 되자 웅변대회에 나가 상을 받는 것에 대해 괴리감을 느끼기 시작했다. 다른 사람이 정리한 생각을 외워서 내 것인 양 말하고 큰 상까지 받는다는 것에 부담감이 생겼다. 좀 심하게 표현하면 선생님의 꼭두각시 같다는 생각도 들었다. 웅변대회에서는 청산유수지만 정작 학교에서 국어시간에 발표를 하면 두서없이 말을 했다. 그렇다. 나는 겉보기에만 말을 잘했던 것이다. 내가 똑똑해 보이는 것은 다른 사람이 써준 원고를 외워 웅변을 하는 그 순간뿐이었다. 오히려 나는 말을 자신감 있게 못하더라도 글을 잘 쓰는 친구들이 부러웠다. 적어도 그들은 자신의 생각을 스스로 정리하는 방법을 알고 있었기 때문이다. 스스로 생각을 정리하고 전달하는 사람들이 세상에서 가장 멋져 보였다.

진짜로 말을 잘하는 사람

그러던 중 내 인생을 송두리째 바꾼 한 사람이 나타났다. 중학교 2학년 수학여행의 레크리에이션 시간에 한 강사가 통기타를 어깨에 메고 강단에 올라왔다. 행사를 시작할 때부터 끝날 때까지 말을 얼마나 재미있게 하는지 또 감동적인 말을 어찌나 멋지게 하는지…. 나는 그에게 완전히 매료되었다. 그는 다른 사람의 생각이 아니라 오직 자신의 생각을 잘 정리해서 말하고 있었다. 학창시절 내내 공허했던 내 가슴이 처음으로 뛰기 시작했다.

"나도 말 한마디로 마음을 움직이는 사람이 되고 싶다!"

그때부터 꿈을 이루고 싶은 생각이 가득 차 잠이 오지 않을 정도였다. 수학여행에서 돌아오자마자 일기장을 샀고 머릿속에 있는 생각을 하나둘씩 정리해 나갔다. 어떻게 하면 말을 잘할 수 있는 사람이 될 수 있는지, 무엇부터 배워야 하는지, 왜 이 꿈을 이뤄야 하는지 모든 것들을 매일매일 기록했다. 때마침 고등학교를 어디로 갈까 진로

를 고민하던 중이었는데, 친구의 추천으로 예술고등학교 연극과에 진학하기로 결심했다. 연기자는 생각을 말과 행동으로 표현하는 직업이니 나도 연극과에 가면 말 잘하는 방법을 배울 수 있을 거라 생각했기 때문이다. 연극과에 합격했다. 그때부터 말을 잘할 수 있는 방법을 찾기 위한 여정이 시작되었다. 고등학교에서는 연극을 배우고, 자연스럽게 대학교는 뮤지컬과로 입학하고 나중엔 전과하여 교육학을 전공했다. 스물한 살이 되던 해 우연한 기회에 EBS 교육방송 진행자로 일을 하게 되었다.

02

정리되지 않은 말은
상대의 머릿속을 혹사시킨다!

대본의 늪

연극과 뮤지컬 배우, 방송 진행자는 한 가지 공통점이 있다. 모두 말을 잘해야 하는 작업이다. 나는 이런 경험을 쌓다 보면 말을 잘할 수 있는 방법을 터득할 줄 알았다. 하지만 막상 연극과 뮤지컬은 내 생각을 전하는 것이 아니라 극작가가 써준 대본을 외우고 연출가의 의도와 지시를 이해해 연기로 표현해야 했다. 발음과 발성 그리고 연기력은 분명히 향상되었지만 생각을 정리해 말하는 방법은 배울 수 없었다. 방송도 마찬가지였다. 주어진 각본이 있고, 내 생각보다는 대본과 연출가의 지시에 충실해야 했다. 어떻게 하면 말을 진짜로 잘할 수 있을까? 나는 대본의 늪에서 벗어나고 싶었다. 다른 사람의 생각이 아니라 내 생각을 표현할 수 있는 방법에 대한 고민은 점점 더 커

져만 갔다.

그때부터 나는 스타강사들의 강연을 찾아보기 시작했다. 김미경, 김창옥과 같이 유명한 강사들의 말 잘하는 방법이 무엇인지 궁금했다. 유명한 강사들의 강연회가 있으면 직접 찾아가 강의를 듣고 내용을 전부 녹음했다. 집에 돌아와 녹음한 내용을 들으며 가감 없이 그대로 타이핑했다. 오랜 시간이 걸려 타이핑을 마치고 나면 그들의 말이 내 것이 된 것 같은 충만한 기분이 들었다. 그리고 타이핑한 대본을 그대로 외워서 연기하듯 따라해 보았다.

'말을 따라하다 보면 나도 스타강사처럼 말을 잘할 수 있겠지?'

스타강사들의 말을 외워서 말하다 보면 나도 말을 잘하게 될 것이라고 생각했던 것은 큰 착각이었다. 결과는 정반대였다. 그들처럼 말을 잘하게 된 것이 아니라 성대모사를 하고 있는 나를 발견하게 되었다. 모방만으로는 말을 잘할 수 없었다. 말보다 그들의 생각, 논리가 더 중요하다는 사실을 그때까지 전혀 몰랐다.

천 권의 책을 읽은 결과

그러던 중 선택한 방법이 '독서'였다. 말을 잘하려면 머릿속에 든 것이 많아야 된다는 생각이 들었기 때문이다. 그래, 독서를 하면 많이 알게 되고 많이 알게 되면 말을 잘할 수 있을 거야. 다독을 해보자.

몇 권 정도 읽으면 될까? 이왕 읽을 거라면 천 권의 책을 읽어보자고 목표를 세웠다. 처음에는 가벼운 실용서, 만화와 같은 책을 읽다가 독서의 매력에 빠져 인문고전, 철학, 역사, 예술 분야의 수준 높은 책까지 읽게 되었다. 또 인터넷에서 우연히 발견한 네이버 〈지식인의 서재〉라는 코너에서 추천하는 명저들도 열심히 읽어나갔다.

5년이 흘렀다. 나는 과연 목표를 달성했을까? 목표했던 1,000권 이상의 책을 읽게 되었다. 하지만 천 권을 다 읽고 나니 '많이 안다고 말을 잘하는 것은 아니구나'라는 깨달음이 왔다. 《논어》에 나오는 말처럼 읽기만 하고 생각하지 않으니 남는 게 없었다. 마치 컴퓨터에 프로그램이 많아지면 속도가 느려지는 것처럼, 머릿속 정보와 지식이 많아지니 생각들이 서로 상충하고 선택이 어려워졌다. 오히려 말에 대한 확신이 없어졌다. 생각이 정리되지 않고 많아지기만 하니 두서없이 말하게 되었다. 좌절한 나는 한동안 말을 하지 못했다. 혼란스러웠다.

"도대체 어떻게 해야 진짜로 말을 잘할 수 있을까?"

그러던 중 우연히 막스 피카르트의 《침묵의 세계》라는 책을 서점에서 발견했다. 그리고 그 책 속에 '말 이전에 침묵이 있다'라는 문구를 보고 큰 충격을 받았다. 말 이전에 침묵이 있다고? 말 이전에 생각이 있다는 것이 아닌가! 나는 그 중요한 사실을 놓치고 있었다. 말과 생각이 연결되었다는 것을 인지하지 못했던 것이다.

'글이 죽어 말이 되고 말이 죽어 생각이 된다'라는 말이나 '언어는 존재의 집'이라는 하이데거의 말들을 보면서 나는 생각의 중요성을 다시금 깨닫게 되었다. 그동안 내가 말만 잘하려고 했구나… 눈에 보이는 외형적인 부분만 따라하려고 했구나… 정말 중요한 것은 생각이었다. 그리고 발견한 쇼펜하우어의 독설!

쇼펜하우어의 독설

독일의 철학자이자 독설가로 유명한 쇼펜하우어(Schopenhauer)는 《문장론》에서 위대한 저술가가 되기 위한 뼈 있는 말을 전했다. 저술가뿐만 아니라 말을 잘하고 싶은 우리에게도 해당되는 내용이므로 다음의 글을 유심히 읽어보길 바란다.

우리 시대의 저술가는 세 가지 그룹으로 나눌 수 있다.

첫 번째 그룹에 속하는 사람들은 생각하지 않고 글을 쓴다. 다시 말해 자신의 지극히 개인적인 기억과 추억을 바탕으로 글을 쓰거나, 타인의 저서를 인용하는 것이다. 저술가 중 대부분이 첫 번째 그룹에 속한다. 책을 쓴 장본인이 아무 생각도 하지 않았는데 어떻게 그 책을 읽는 독자가 작가의 생각을 파악할 수 있겠는가. 그 때문에 공연히 독자의 머리만 혹사당하는 경우가 많다.

두 번째 그룹에 속하는 사람들은 쓰면서 생각한다. 즉, 무엇인가 쓰기 위해서 생각하는 것이다. 이 또한 매우 많은 수를 헤아리고 있다. 두 번째 그룹의 사람들, 즉 쓰기 전까지는 아무 생각도 할 수 없는 작가들은 나가기 직전에 하늘에 모든 운을 맡기는 사냥꾼에 비유할 수 있다.

　세 번째 그룹에 속하는 사람들은 책상에 앉기 전에 필요한 모든 사색을 끝마친다. 그들이 남긴 저작은 오래 전에 자신의 머릿속에서 결론을 내린 확고한 신념의 결과이다. 그러나 안타깝게도 그 수는 극히 적다. 집필하고자 하는 테마의 소재를 자신의 머릿속에서 끄집어낼 수 있는 작가만이 후세에도 그 가치가 변하지 않는 위대한 저술가로 기억될 것이다.

　나는 쇼펜하우어의 《문장론》을 보고 무릎을 쳤다. 말을 잘할 수 있는 방법이 여기에 있었기 때문이다. 위의 내용을 '스피치를 준비하는 유형 3가지'로 바꿔봤다.

　스피치를 준비할 때 세 가지 유형의 사람이 있다. 첫 번째 유형은 생각하지 않고 말을 내뱉는 사람이고, 두 번째는 말하면서 생각을 하는 사람이다. 세 번째는 말하기 전에 생각정리를 모두 마친 사람인데, 진짜로 말을 잘하기 위해서는 세 번째 유형이 되라는 것이다.

첫 번째 유형의 사람은 아무런 생각을 하지 않고 말부터 내뱉는 사람이다. 무슨 말을 해야 할지 명확하게 알지 못하는 상황에서 일단 말부터 하는 것이다. 본인이 무슨 말을 하는지 알지 못하는데 어떻게 상대방이 알 수 있을까? 쇼펜하우어의 말을 빌리자면 정리하지 않고 말하는 것은 듣는 청자의 머릿속을 '혹사'시키는 행위이다. 이런 유형이 되지 않기 위해 노력해야 한다.

두 번째 유형의 사람은 말하면서 생각을 하는 사람이다. 간혹 말발만 믿고 스피치 준비를 제대로 하지 않는 사람들이 있다. 이런 경우 처음 한두 번은 통할지 몰라도 결코 오래가지 못한다는 사실을 기억해야 한다. 스피치는 사색의 결과물이다. 자신이 하고 싶은 말이 무엇인지 깊게 생각하고 정리하는 습관을 들여야 한다.

세 번째 유형의 사람은 말하기 전에 자신의 생각을 확실히 정리하는 사람이다. 스피치 고수들이다. 생각이 정리된 사람은 간결하게 이야기해도 분명히 전달된다. 목소리가 작아도 강한 울림으로 다가온다. 사투리를 써도 정확하게 표현된다. 하고자 하는 말이 분명하기 때문이다.

우리에게 필요한 것은 세 번째 유형이다. 당신도 진짜로 말을 잘하고 싶은가? 그렇다면 생각정리부터 시작하자!

03

스타강사들이
책을 쓰는 이유는 따로 있다

다듬어진 생각

나 역시도 그랬지만, 대부분의 사람들은 스피치를 잘하는 사람들을 볼 때 단순히 말을 잘하는 사람이라고 생각한다. 그런데 자세히 관찰해 보면 그들은 말을 잘하는 것이 아니라 생각을 잘하는 것이다. 즉, 머릿속의 생각을 잘 정리해서 표현하는 방법을 알고 있는 것이다.

여행가들과 함께 섬으로 여행을 떠났다. 그때 유명한 기자 한 분을 만났다. 강연도 자주 하시는 분이었는데 SNS에서도 재치 있는 글쓰기로 꽤 많은 팔로우가 있었다. 한마디를 하더라도 핵심을 담은 글을 썼고, 위트 있게 표현했다. 나는 그분이 평소에 어떻게 생각을 정리하는지 궁금했다. 관광버스를 타고 이동하며 친구와 이야기를 나누던 중 '재미가 먼저냐, 의미가 먼저냐'라는 주제로 토론을 하게 되었다. 사실 재미가 먼저인지, 의미가 먼저인지는 정답이 없었다. 그러던 찰나 건너편에 앉아있던 기자님이 본인의 생각을 말하기 시작했다. 우리의 토론을 듣고 있었던 것이다. 기자님은 '재미가 먼저라고 생각한다'며 즉흥적으로 이야기를 시작했다.

그러나 이때 나는 조금 실망을 했다. 그분의 이야기에 두서가 없었기 때문이다. 그분의 SNS 글은 정제가 잘되어 있었고, 강의에서는 청산유수로 말씀을 잘하시는 분이었는데, 의외였다. 오히려 토론을 하고 있던 우리가 명확하게 의견을 이야기했다. 그분은 민망했던지 갑자기 말이 없어졌다. 토론은 흐지부지하게 끝이 났다.

잠시 후 옆을 보니 기자님은 스마트폰으로 뭔가를 기록하고 있었다. 그렇게 30분이 지났을까? 갑자기 그분이 우리에게 다시 말을 걸었다. "이제야 정리됐어. 의미보다 재미가 더 중요해. 왜냐하면! ……." 하면서 정리된 생각을 술술 말하기 시작했다. 그 이야기를 듣던 우리는 언변에 놀라 입을 다물 수가 없었다. 더욱 놀라웠던 것은 그날 저녁이었다. 그 생각이 더 발전되어 한 편의 칼럼으로 정리돼 SNS에 올라왔다.

이 경험을 통해 평소 말을 잘하는 사람도 정리가 되지 않은 채로 말하면 횡설수설하게 된다는 것을 다시 한 번 깨닫게 되었다. 누군가 어떤 주제에 대해 말을 굉장히 잘한다면, 그냥 잘하는 것이 아니다. 생각을 정리하고, 설계하고, 다듬으며 점차 말하기 실력이 좋아지는 것이다.

인간을 보통 컴퓨터와 비교하곤 한다. 생각정리를 잘하는 사람은 컴퓨터로 따지면 정보처리능력이 좋은 사람이다. 똑같은 정보를 보더라도 자신의 관점에서 자신만의 논리로 말할 줄 안다. 그렇다면 그 능력은 어떻게 만드는 것일까?

말하기와 글쓰기를 동시에 잡는 방법

말도 잘하고 글도 잘 쓰면 어디서든 유능한 인재로 인정받을 수 있다. 그러나 이 두 가지를 동시에 잘하는 사람은 주변에 많지 않다. 어떤 사람은 말은 잘하는데 글은 못 쓰고, 반대로 글은 잘 쓰는 데 말은 잘 못한다. 최악의 경우는 말도 잘 못하고 글 역시 못 쓰는 것이다. 말하기와 글쓰기를 동시에 잡는 방법이 있을까?

　스타강사들을 보면 힌트를 얻을 수 있다. 김미경, 설민석, 김창옥과 같은 스타강사들은 말뿐만 아니라 글 실력도 상당하다. 그러다 보니 그들은 자신의 스피치 대본인 저서가 여러 권 있다. 스타강사들이 무대에서 말하는 모습만 보고, 우리는 그들이 그저 말만 잘하는 것으로 알고 있는데 그건 착각이다.

　김미경 강사는 말을 잘하는 강사로 알려졌지만, 그 이전에 30권 이상의 저서가 있는 베테랑 작가이다. 《김미경의 마흔수업》《김미경의 아트스피치》《꿈이 있는 아내는 늙지 않는다》 등 자신의 생각과 전문성을 담은 저서가 있다. 한국사 전문가 설민석도 마찬가지다. 그의 지식의 원천은 무엇일까? 《설민석의 조선왕조실록》《설민석의 무도 한국사 특강》 등 수십 권의 저서를 어렵지 않게 발견할 수 있다. 소통 전문가 김창옥 교수는 명강의 35편을 엮어 《당신은 아무 일 없던 사람보다 강합니다》를 책으로 펴냈고, 《나는 당신을 봅니다》에서는 강연과 워크숍을 통해 만났던 사람들의 속 깊은 이야기, 자신이 직접 체험한 진솔한 이야기 50여 편을 고스란히 담아냈다. 방송인 김제동은 어떨까? 그는 재치 있는 입담과 특유의 소통철학을 통해 연예계 안팎으로 활발한 행보를 보이는 대한민국 대표 사회자다. 김제동 역시 《그럴 때 있으시죠?》《당신이 허락한다면 나는 이 말 하고 싶어요》 등 다수의 책을 쓴 저자라는 사실을 알고 있을 것이다. 그의 강연회는 늘 만석이고, 그의 책은 출간 즉시 베스트셀러가 된다.

스타강사들은 바쁜 일정에서도 부지런히 책을 쓴다. 시간도 오래 걸리고 완성하기도 쉽지 않은데 책을 쓰는 이유는 무엇일까? 그들은 글쓰기야말로 스피치를 잘할 수 있는 최고의 방법이라는 것을 알고 있기 때문이다. 글쓰기는 생각을 다듬는 과정이다. 강사들은 책을 쓰며 말하고자 하는 생각을 정리한다. 책이라는 형태로 자신만의 스피치 대본을 준비한다. 그러니 알고 보면 말을 잘하는 사람은 결국 말을 잘 다듬는 사람이다. 다듬어서 말을 하니 일반인들보다 말을 잘하는 것은 당연한 일이다. 나 역시도 경험해 봤지만 스피치를 잘할 수 있는 최고의 방법은 관련 주제에 대해 책을 쓰는 것이다. 하지만 일반인들이 책을 쓰기란 쉽지 않은 일이다. 집필하는 데 상당히 오랜 시간이 걸리고, 주제에 대한 전문성도 필요하기 때문이다. 그렇다면 책쓰기 대신 무엇을 하면 좋을까?

생각정리스피치

스피치 대본에 답이 있다!

스피치를 잘하는 방법 중 하나는 스피치 대본을 만드는 것이다. 스피치 대본은 오직 말하기를 위한 글쓰기다. 목적은 '말하기'인데 과정은 '글쓰기'로 이루어진다. 스피치 대본을 제대로 만들 수 있다면 말하기와 글쓰기를 동시에 잡을 수 있다.

스피치를 준비할 때 대본이 필요한 이유는 뭘까? 스피치의 특성 때문이다. 스피치는 사적 말하기가 아니라 '공적 말하기'다. 스피치는 소수가 아닌 다수의 사람들에게 공공의 주제로 말을 하는 행위다. 따라서 말의 책임수위가 높다. 뿐만 아니라 시간과 공간이 한정되어 있기 때문에 반드시 미리 준비를 해야 좋은 스피치를 할 수 있다. 또 스피치는 그냥 말을 전하는 게 아니라 콘텐츠를 전하는 행위다. 스피치에 있어서 콘텐츠란 '잘 다듬어진 내용'이다. 재미있거나 유익하거나 감동이 있는 내용, 다른 사람에게 지식과 희망과 감동을 줄 수 있는 내용이 바로 스피치 콘텐츠다. 값진 시간을 투자해 경청하는 청중을 위해 양질의 콘텐츠 대본 만들기에 힘써야 한다.

사실 알고 나면 말하기와 글쓰기의 원리는 같다. 말과 글이라는 표현방식이 다를 뿐이지 생각 전달이라는 목적은 같기 때문이다. 그렇다면 말과 글은 어떤 공통점이 있을까?

첫째, 누구나 이해할 수 있도록 쉬운 어휘를 선택해야 한다. 어렵게 말하는 게 말을 잘하는 것이라고 착각하는 사람들이 간혹 있는데, 어려운 말도 쉽게 풀어서 말하는 사람이 진짜 말 잘하는 사람이다.

둘째, 문장을 가급적이면 짧게 해야 한다. 문장이 길면 길수록 복잡하게 느껴지기 때문이다. 간결하지만 그 안에 핵심이 있어야 한다.

셋째, 주장을 했으면 이유와 근거를 확실하게 해야 한다. 스피치 시간에 맞게 분량을 정하고, 서론·본론·결론 또는 기승전결과 같은 형식으로 논리적으로 내용을 구성해야 한다.

넷째, 대사를 기록할 때는 문어체가 아니라 구어체로 써서 읽기 편하게 만들어야 한다. 스타강사들의 책을 잘 읽어보면 말하듯이 글을 쓴다는 공통점이 있다. 그들의 책은 읽는 게 아니라 듣는다는 느낌을 받는다. 말을 글로 옮겼기 때문이다. 즉, 스피치를 위한 목적으로 글을 쓴 것이다. 좋은 글이란 소리 내서 읽었을 때 어색하지 않고 막힘 없이 잘 읽혀지는 문장이다.

여기까지 말한 내용은 글쓰기 책에 나오는 지침을 참고했다. 그런데 이렇게 많은 지침들이 사실 한 가지 이유에서 파생되었다는 것을 알고 있는가?

생각정리스피치

상대방의 입장을 먼저 생각하라

그것을 설명하기 위해 잠시 친구의 이야기를 해보겠다. 장사를 잘하는 친구가 한 명 있다. 그는 작은 식당을 운영하고 있는데 그곳에 한 번 찾아왔던 손님은 단골이 된다. 언제나 그곳에는 사람들이 넘친다. 비결이 무엇일까? 하루 종일 친구의 행동을 관찰해 봤다.

말 한마디가 달랐다. 그는 손님의 입장에서 생각하고 손님의 입장에서 말한다. 예를 들어 준비한 음식이 늦어져 손님이 화를 낼 경우 보통 우리는 "늦어서 죄송합니다. 금방 드릴게요"라고 말한다. 그러나 친구는 이렇게 말했다. "음식이 늦게 나와서 죄송합니다. 더 맛있게 만들려고 신경쓰다 보니 시간이 늦어졌네요. 금방 요리해서 드릴게요." 그리고 음료수까지 서비스로 주며 손님의 기분을 최대한 상하지 않게 한다. 차이가 무엇일까? 상대방에 대한 배려였다.

글쓰기나 말하기도 마찬가지다. 글쓰기와 말하기를 잘할 수 있는 핵심은 상대방에 대한 배려다. 예를 들어 어떤 지식을 설명해 보자.

정보를 조직화하고 체계적으로 수행하는 능력인 집행력을 향상시킬 수 있는 방법은 수학자 루카스(Lucas. E)가 고안한 퍼즐 '하노이의 탑'입니다. 하노이의 탑을 쌓아서 집행력을 개발할 수 있습니다.

《생각정리스킬》에서 언급했던 '집행력'에 관련된 내용이다. 다듬지 않은 상태로 문장을 적었는데 보기만 해도 어렵지 않은가? 조직화, 집행력, 하노이탑 모두 어렵고 생소한 단어다. 게다가 내용도 구어체가 아닌 문어체라 부드럽지 않게 느껴진다. 어떻게 하면 쉽게 전달할 수 있을까? 방법은 간단하다. 이야기를 처음 듣는 상대방의 입장에서 생각하면 된다. 같은 내용이지만 다르게 표현해 봤다.

우리 두뇌에는 CEO의 역할을 하는 기능이 있습니다. 바로, 집행력이죠. 집행력은 간단히 말하자면 '체계적으로 일을 하는 능력'입니다. 이것이 부족하면 계획대로 일을 하지 못해 여러 문제가 생길 수 있습니다. 집행력을 개발하고 싶다면 '하노이의 탑'을 해보세요. 수학자 루카스(Lucas. E)가 고안한 퍼즐인데 게임처럼 재미있게 할 수 있습니다.

어떤가? 상대방을 배려하고 말하니 확실하게 차이가 생겼다. 말투부터가 달라졌다. 딱딱한 문어체에서 부드러운 구어체로 바뀌었다. 어려운 단어는 쉽게 풀어서 쓰고 상대방이 알아듣기 쉽게 비유를 사용했으며 문장의 순서도 재배치했다. 이 모든 게 상대방을 의식하는 순간 이루어진 것이다. 상대방을 배려할 때 글쓰기와 말하기를 잘할 수 있게 된다.

04

어떻게 하면 대본을
쉽게 외울 수 있을까?

외워지지 않는 대본

예술고등학교 연극영화과에 다녔을 때의 일이다. 아서 밀러의 〈시련〉
이라는 작품에 배우로 참여했는데 나의 역할은 비열한 목사였다.

평소 대본을 잘 외우는 편인데 유독 한 장면에서만 대사를 틀리는
실수를 반복했다. 법정에서 변호를 해야 하는 장면인데 어려운 법정
용어도 많고, 대사까지 길어 외우기가 쉽지 않았다. 공연 당일이 되
었다. '제발 오늘만큼은 실수하지 않길' 하늘에 기도를 하고 무대에
올랐다. 그리고 법정 장면이 시작되었다. 크게 심호흡을 하고 무대로
나갔다. 판사 역을 맡은 친구가 나에게 대사를 했다. 그리고 이제 내
가 말할 차례였다.

"…….."

"페리스 목사, 말해 보게나!"

"…….."

머릿속이 새하얗게 변했다. 긴장한 나머지 또 대사를 까먹은 것이다. 내가 말을 하지 않자 상대 역할을 맡은 친구도 당황했다. 등 뒤에 식은땀이 줄줄 흐르기 시작했다. 쥐구멍으로 숨고 싶을 지경이었다. 5초 정도가 지났을까? 5초 동안 아무런 말을 하지 않자 객석에서 웅성거리기 시작했다. 어떻게 해서든 이 상황을 벗어나고 싶었다. 하지만 대사가 떠오르지 않았다. 객석 쪽에서 연출자가 입모양과 손짓으로 대사를 알려주기 시작했다. 가망이 없었다. 바로 그때, 나도 모르게 나왔던 한마디!

"하나님…. 살려주세요…. 제발…."

운이 좋게도 장면에 어울리는 대사여서 다행히 그 상황을 모면할 수 있었다. 지금도 그때를 생각하면 진땀이 흐른다. 누구나 긴장을 하게 되면 아무것도 생각나지 않고 머릿속이 백지상태가 되고 만다.

발표불안을 극복하는 방법

발표불안은 누구에게나 있으며 지극히 자연스러운 현상이다. 무대에서 멋지게 연기하는 연극배우도, 베테랑 강사들도 누구나 긴장을 한다. 인간이라면 누구나 평가받는 자리 혹은 주목받는 자리는 늘 떨린다.

사실 겉으로 침착해 보이는 사람도 속으로는 이 불안과 싸우고 있다. 우아하게 보이는 백조도 수면 아래에서는 필사적으로 발을 놀리지 않는가. 따라서 '나는 왜 이럴까? 다른 사람들은 침착하게 발표를 잘하는데' 하며 스스로를 자책할 필요가 전혀 없다. 오히려 떨리는 것이 정상이며 그만큼 발표를 중요하게 생각하고 있다는 반증이 된다.

MBC에서 방영했던 〈나는 가수다〉는 매회 가수들이 노래를 불러 청중평가단에게 심사를 받는 서바이벌 프로그램이다. 김범수, 윤도현, 박정현과 같은 실력 있는 가수들이 나와 경연을 펼쳤다. 흥미로운 건 무대에 오르기 전 가수들의 모습을 볼 수 있었던 것이다.

국민가수라고 불리는 그들 역시 긴장을 한다. 무대에 오르기 전 "떨려서 아무것도 생각나지 않는다"는 그들의 말은 일반인과 다르게 없었다. 다만 일반인과 프로의 차이는 불안감을 극복하는 방법을 알고 있는가에 대한 여부였다. 그들은 불안 자체를 당연한 것으로 받아들이고, 적절한 긴장은 노래를 부르는데 긍정적인 에너지를 만든다는 것을 잘 알고 있었다. 그들은 불안에 집중하지 않고, 노래에 집중했다. 좋은 무대를 만들기 위해 일주일 동안 철저하게 준비하고 노력했다. 결국 최고의 무대를 만들고 청중에게 박수갈채를 받는다.

대부분의 사람들이 겪는 불안은 상황적 불안증이다. 상황적 불안증은 커뮤니케이션 상황 중에서 특수한 상황에서만 불안감을 느끼게 되는 상태를 말한다. 평소 친구들이나 가족들 앞에서 말을 할 때는 아무렇지도 않은데 많은 사람들 앞에서 발표를 해야 한다거나, 회식 자리에서 갑자기 주목을 받아 말을 하려고 하면 머리가 새하얗게 변하고, 갑자기 긴장을 하게 되고, 식은땀이 줄줄 흐르고, 예상치도 못했던 발언이 두서없이 나가게 되는 그런 상황을 당신도 겪어 봤을 것이다. 강의 경험이 많은 나 역시도 준비되지 않은 상황에서 즉흥적으로 스피치를 해야 한다든지, 낯선 사람들 앞에서 갑자기 스피치를 해야 하는 상황이면 발표불안이 증폭된다. 머릿속이 새하얗게 변하는 건 생각이 없어서가 아니라 오히려 생각이 많아서다. 한마디로, 머릿속 생각이 정리되지 않았기 때문이다.

그럼, 발표불안은 어떻게 극복할 수 있을까? "자신감을 가져라!" "긍정적으로 생각하라!" 이러한 말들은 발표불안을 막는데 크게 도움이 되지 않는다. 말이 쉽지 실전에 적용하기는 상당히 막연하다.

발표불안을 극복할 수 있는 방법은 스피치를 제대로 준비하는 것이다. 스피치는 일상 대화와 달리 '생각정리'를 할 수 있는 시간이 사전에 주어진다. 주어진 시간 동안 '제대로' 스피치를 준비한다면 발표불안은 자신감으로 바뀐다. 이때 스피치 대본을 '제대로' 만들면 대본도 머릿속에 잘 기억된다. 말을 잘하는 사람은 머릿속에 스피치의 전체 내용이 키워드 중심으로 구조화되어 잘 정리되어 있다. 대본을 달달 외우는 것이 아니라 생각의 지도를 만든다. 멘트 위주가 아닌 논리구조를 만들어 그 그림을 그려서 기억한다. 반대의 경우는 머릿속에 스피치 내용이 문장으로 두서없이 나열되어 있다.

생각정리스피치

글쓰기 형태의 대본

스피치를 잘하려면 대본을 잘 만들어야 하는데, 스피치 대본이라고 해서 모두 같은 것은 아니다. 일반적으로 사람들은 스피치 대본을 만들 때 '논리구조' 형태가 아니라 '글쓰기' 형태로 대본을 만든다. 그리고 그 문장을 달달 외운다.

조승연 작가는 논리적으로 설명하는 능력이 탁월하다. 〈세상을 바꾸는 시간 15분〉에 출연한 그의 강연(학교 덕분에 인생 잘 살았다) 내용을 녹취하고 타이핑하여 '글쓰기' 형태의 대본으로 만들어 보았다.

안녕하세요. 《이야기 인문학》 저자 조승연입니다. 교육이 백년대계란 말이 있죠. 그니까 여기 교육에 관심을 가지고 와계신 분들은 다 구국의 영웅이세요. (청중 웃음) 저도 구국의 영웅이 되기 위해서 열심히 인터넷에서 세계 교육에 대해 조사를 해요. 그러다가 이런 무서운 사진을 발견했어요. 이게 뭘까요? 중국의 대학 졸업식이에요. 중국에서는 1년에 600만 명, 매년 서울 반이 되는 인구가 대학 졸업장을 손에 들고 사회로 진출하고 있어요. 그럼 애네들은 대학 졸업장을 들고 어디로 갈까요? 취직하러 가겠죠. 중국의 취업박람회예요. (청중 놀람) 이 많은 학생들이, 젊은이들이 글로벌 기업들의 직장 그 몇 개 안 되는 직장을 가지고 우리나라 청소년들, 여기 있는 부모님과 선생님들이 기르는 우리나라 청소년들 그리고 세계 청소년들과 경쟁을 하고 있어요. 이제 안 웃기죠? 갑자기 무섭죠? 그렇기 때문에 전 세계적으로 취업난이 심각해요. 우리나라만의 문제가 아니에요. 우리나라에는 '88만원

세대'라는 말이 있죠. 유럽에는 '1000유로 세대'라는 말이 있어요. 한 달 뼈 빠지게 일해봤자 1000유로밖에 못 받는다는 말이죠.

당신은 어떻게 대본을 만드는가? 스피치를 앞둔 상황이라면, 우리는 보통 '글쓰기' 형태의 대본을 만든다. 하지만 '글쓰기' 형태의 대본에는 다음과 같은 문제점이 있다.

첫째, 생각의 논리가 한눈에 보이지 않는다. 논리가 보이지 않으면 두서없이 내용을 작성하고, 두서없이 말하게 될 확률이 높다. 생각을 구조화하여 보지 못하기 때문에 생각의 중복과 누락을 살펴볼 수 없다. 불필요한 말을 반복해서 나열하게 되고, 정작 필요한 말은 누락될 수도 있다.

둘째, 세세하게 문장을 다듬는 데 신경을 쓰게 되어 많은 시간을 낭비하게 된다. 중요한 건 어휘가 아니라 핵심이 담긴 내용이다. 게다가 기억하기도 어렵다. 1분 이내의 짧은 분량의 스피치면 모를까 장시간 스피치를 해야 하는 사람은 어차피 그 내용을 다 기억하지 못한다. 따라서 대본은 문장이 아니라 '키워드'와 '논리흐름'을 중심으로 기억해야 한다.

셋째, 가장 치명적인 단점은 이렇게 대본을 만들어 달달달 외웠는데 만일 중간에 하나의 단어라도 틀리게 되면 도미노처럼 뒤에 나오는 단어들을 다 잊어버리게 된다. 정리된 논리가 아닌 즉흥적으로 떠오른 생각의 흐름을 글로 정리했기 때문이다. 원고를 외울 때에는 토씨까지 하나하나 외우는 게 아니다. 그러면 자연스러움이 떨어지고 오히려 인위적으로 느껴질 수 있다.

생각정리스피치

논리구조 형태의 대본

우리는 대본을 만들 때 일단 문장을 글로 풀어 쓰면서 논리를 생각한다. 하지만 효과적으로 대본을 만들기 위해서는 논리구조를 먼저 생각한 후에 문장을 써내려가는 순서로 진행되어야 한다. 쉽게 말해 뼈대를 세우고 그 다음 살을 붙이는 방식으로 대본을 만들어야 한다. 다음과 같이 키워드 중심의 '논리구조'가 보이는 형태로 대본을 만들어야 한다. '글쓰기' 형태의 대본과 어떠한 점이 다른지 생각해 보며 내용을 살펴보자.

'글쓰기' 형태의 대본에서 키워드 중심의 '논리구조'가 보이는 형태의 대본으로 바꿔봤다. 무엇이 다른가?

첫째, 생각의 논리가 한눈에 보인다. 스피치의 전체상이 보이기 때문에 내용을 한 번에 이해할 수 있다. 문장이 아니라 뼈대 형태의 이미지와 패턴으로 작성했기 때문에 오랫동안 기억에 남는다. 중복되는 말, 누락되는 말을 살펴볼 수 있기 때문에 중언부언하는 일이 줄어들게 된다.

둘째, 작성시간이 단축된다. '논리구조' 형태의 대본은 말 그대로 논리구조와 흐름에만 집중하면 된다. 대본 작성시간이 오래 걸리는 이유 중 하나는 문장을 다듬는 데 지나치게 많이 신경쓰기 때문이다. 키워드 중심으로 생각을 하면 빠른 속도로 대본을 만들 수 있다.

셋째, 효과적으로 기억할 수 있다. 만일 스피치를 하는 중에 단어가 기억나지 않더라도 다시 흐름을 잡고 말할 수 있다. 논리와 흐름을 중심으로 대본이 작성되었기 때문이다. 낱개의 단어는 기억하기 어렵지만 논리구조는 이미지로 저장되어 확실하게 기억에 남는다. 이것이 바로 '논리구조' 형태의 대본의 장점이다.

기억력의 비밀

패턴과 구조로 생각할 때 기억력이 높아진다는 것은 이미 많은 연구로 입증되었다. EBS 다큐프라임 〈공부의 왕도〉 편에서 기억력에 관련된 흥미로운 실험을 했다. 게임 중인 바둑판을 기억하는 실험이다.

바둑기사 김지석 4단(20세)과 바둑에 대해 지식이 없는 김승리 양(21세)이 나온다. 김지석 4단의 기억력은 보통에서 조금 못 미친다고 스스로 얘기했고, 김승리 양은 순간기억력은 나쁘지만 전체적으로 보통 수준이다.

두 사람은 동시에 게임 중인 바둑판의 형세를 외우기 시작한다. 같은 내용이지만 그것을 기억하기까지의 과정이 다르다는 것을 확인해 볼 작정이다. 결과는 어땠을까? 방금 본 바둑판 형세를 복기하도록 주문하자 두 사람의 기억이 눈앞에 드러나기 시작한다. 절반도 기억하지 못한 김승리 양과 달리 김지석 4단은 꽤나 여유 있는 표정으로 정확하게 기억해낸다.

김지석 4단은 어떤 방법으로 기억했기에 이렇게 정확하게 복기할 수 있었을까? 그 비결은 이렇다. "바둑을 처음 접하시는 분들은 잘 모르실 수도 있겠지만 바둑기사가 봤을 때는 익숙한 모양이 몇 가지 있어서 외우기 쉬웠습니다." 반면 김승리 양은 "패턴은 잘 몰랐고, 무작정 외웠다"고 답했다. 성균관대 심리학과 이정모 교수는 실험의 결과에 대해 이렇게 설명한다.

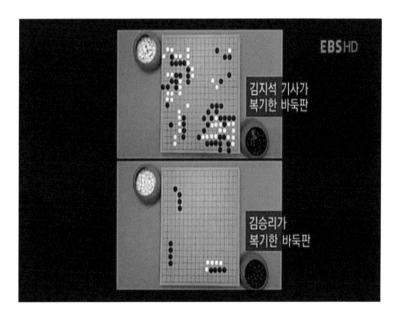

고수인 경우는 100여 개의 알을 봤어도, 100여 개의 알이 몇 개의 그룹으로 몇 개의 패턴으로 인식이 됩니다. 초보자의 경우는 100여 개의 알이 100여 개의 알 그 자체로 인식이 되니 기억이 잘 안 되는 것입니다.

기억력 고수
패턴(그룹)을 기억한다.

기억력 초보
낱개를 기억한다.

계속해서 재미있는 실험을 한다. 바둑판에 아무 의미 없이 바둑알을 놓는다. 김지석 4단은 바둑판을 유심이 들여다본다. 딱히 형세가 드러나지 않은 아무 의미 없는 바둑판이다. 여기에서도 기억할 수 있는 패턴이 그려질까? 두 사람의 표정이 엇갈린다. 난감한 표정의 김지석 4단과 담담해 보이는 김승리 양. 몇 알을 놓지 못하고 포기하는 김지석 4단에 비해 오히려 김승리 양이 조금 더 많이 기억해 냈다. 하버드대 심리학과 교수 대니얼 섀터는 기억력 실험과 관련해 다음과 같이 말한다.

생각정리스피치

"무의미한 음절(syllable)은 기억될 수 없고,
의미 없는 정보는 기억할 수도 없습니다."

스피치 대본도 마찬가지다. 내용을 효과적으로 기억하고 싶다면 '글쓰기' 형태의 대본이 아닌 '논리구조' 형태의 대본을 먼저 만들어야 한다. '글쓰기' 형태의 대본은 구조가 아닌 문장과 단어에 집중하기 때문에 내용을 이해하고 기억하는데 비효율적이다. 반면 '논리구조' 형태의 대본은 패턴과 구조로 인식되어 이해력과 기억력을 향상시킨다.

디지털 마인드맵으로 만든
'논리구조' 형태의 대본

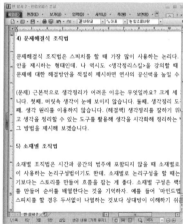

한글 문서로 만든
'글쓰기' 형태의 대본

05

말을 잘할 수 있는
추월차선을 타라

스피치 치트키

잠시 게임 이야기를 해보겠다. 혹시 스타크래프트라는 게임을 알고 있는가? 전투가 상당히 긴박하고 빠른 시간에 승패가 결정되는 매력적인 게임이다. 나는 어린 시절 스타크래프트를 자주 했는데 실력이 좋지 않아 계속해서 지기만 했다. 자신감은 점점 낮아졌고 게임에 흥미가 떨어졌다. 그때 친구가 다가와 게임에서 이길 수 있는 획기적인 방법을 알려줬다.

"치트키라는 게 있는데 그게 뭔지 알아?"

'치트키'를 사용해 보라는 것이었다. 치트키란 제작자들만 알고 있

A. 치트키 사용 전
지도가 보이지 않아 심리적으로 불안함

B. 치트키 사용 후
지도가 보이면 자신감이 생김

는 비밀키를 의미한다. 즉 게임에서 건물을 빨리 짓게 한다든지, 유 닛의 수를 몇 배로 불리는 것 등이 이에 해당한다. 게임에서 사용할 수 있는 치트키의 종류는 다양했다.

치트키는 그야말로 신세계였다. 치트키를 사용하고부터 난 무적이 되었다. 게임에서 이길 수 있는 방법이 생겨 어찌나 기쁜지 학교 시 험에 나오는 영단어보다 치트키를 더 많이 외우고 다닐 정도였다.

내가 필수로 사용했던 치트키는 어두컴컴한 지도를 환하게 보이게 하는 'Black Sheep wall'이었다. 이것을 사용하면 지도가 보여 적이 어떤 무기를 만들고 있고, 언제 공격하는지도 알 수 있었다. 적이 공 격을 하면 방어준비를 할 수 있고, 적이 방심하고 있을 땐 공격을 해 결국 승리로 이끌어냈다. 두 번째로는 'Operation CWAL' 발전속도 를 높이는 것이었다. 적보다 성장 속도가 빨라지면 무기도 더 많아지 고, 능력치도 더 높아져 이길 수 있는 확률이 훨씬 더 높아졌다.

스피치 책인데 뜬금없이 스타크래프트의 치트키를 말하는 이유는 무엇일까? 두 단어의 앞 글자가 같아서가 아니라, 스피치에서도 치 트키와 같은 비장의 무기가 있다는 것을 말하고 싶어서였다.

"스피치를 잘할 수 있는 치트키를 알고 있는가?"

치트키는 게임에만 있는 것이 아니라 스피치에도 있다. 이 방법을 쓰면 효과적으로 스피치를 준비할 수 있게 된다. 한 가지 치트키는 이미 말했다. 올바른 형태의 대본을 작성하는 것이다. '논리구조' 형태의 대본 만들기라는 치트키를 쓰게 되면 스피치를 준비하는 시간을 단축시킬 수 있고, 발표하던 중 갑자기 단어가 기억나지 않는 상황에서도 내용을 빠르게 떠올릴 수 있다. 이제 또 하나의 치트키를 소개하겠다. 스피치 실력을 엄청나게 빠른 속도로 향상시켜 줄 수 있는 방법이다.

말을 잘할 수 있는 가장 빠른 방법

뮤지컬 배우로 활동했을 때 보컬 레슨을 받은 경험이 있다. 레슨 내용은 크게 두 가지였는데, 먼저 악보를 분석하는 방법을 배웠다. 선생님은 먼저 노래를 부르는 방법이 아니라 악보를 보는 법부터 가르쳐 줬다. 악보를 분석할 줄 알아야 그에 맞게 노래를 부를 수 있기 때문이다. 그다음으로 명가수의 노래를 수백 번 듣고 구간을 나눠 반복해 따라 부르도록 훈련시켰다.

　　스피치 훈련도 마찬가지다. 말을 잘하고 싶다면 말 잘하는 사람들을 교재로 삼아야 한다. 그들이 어떻게 생각하는지, 어떤 논리로 이야기하는지, 특성이 무엇인지 대본을 보며 분석하여 내 것으로 만들

줄 알아야 한다. 그래서 독자분들에게 알려주고 싶은 또 한 가지 치트키가 바로 '스타강사들의 대본을 교과서 삼아 연구하기'다.

〈생각정리스킬〉 강의를 시작했을 때 가장 어려웠던 것이 워낙 다양한 분야의 수강생들이 오시다 보니 어느 눈높이에 맞춰 강의를 해야 하나였다. 어떻게 하면 다양한 눈높이에 맞춰 강의를 잘할 수 있을까 고민하던 중 스타강사들을 교과서 삼아 그들을 분석하고 연구했다. 단순히 멘트를 따라한 것이 아니라 그들의 생각논리를 분석하여 내 것으로 만들었다.

그 결과 맞춤형 강의가 가능해졌다. 주부가 청중이라면 김미경 강사처럼 공감되게 말할 수 있게 되었고, 검사들을 대상으로 교육할 때는 손석희 앵커처럼 논리적으로 말했다. 청소년들에게는 조승연 작가처럼 체계적으로 가르쳤고 설민석 강사처럼 알기 쉽게 설명했다. 때로는 김창옥 교수처럼 반전 유머를 활용했고 가끔은 김제동 MC처럼 뼈 있는 농담을 했다. 스타강사처럼 말을 하니 더 좋은 반응을 이끌어냈다.

어떻게 이것이 가능한가 의문을 품을 수도 있다. 하지만 논리를 분석하고 내 것으로 만드는 방법을 알게 되면 당신도 스타강사처럼 말을 잘할 수 있게 된다. 여기서 중요한 것은 멘트를 따라하는 것이 아니라 논리구성을 분석하여 내 것으로 만드는 것이다. 분석은 나누고 쪼갠다는 의미다. 스타강사의 생각을 나누고 쪼갠 뒤 감쪽같이 내 것으로 만들어야 한다. 한마디로 논리와 패턴을 훔치는 것이다. 남충식 저자의 《기획은 2형식이다》에서도 훔친다는 표현이 나오는 데 내용을 요약해 보았다.

'훔친다'는 표현에 대해 본능적으로 거부감이 드실 수도 있는데 그러시면 안 됩니다. 다른 이도 아닌 피카소가 말했습니다.

"준수한 예술가는 베낀다. 위대한 예술가는 훔친다."

(Good Artists Copy, Great Artists Steal.)

창의성의 천재조차도 창의성은 훔치는 데서 시작한다고 하는데 하물며 범인인 우리들이 훔치는 걸 마다한다면 겸손하지 못한 겁니다. '훔친다'는 고수들의 세계에서는 '공용어'입니다. … 훔치기(steal)는 '창조적 모방'이고 베끼기(copy)는 '표절'입니다. 훔치려면 티 안 나게 숨겨야 합니다. … '겉 아이디어'는 훔치지 말라는 겁니다. 원리, 구조, 패턴 등 '속 아이디어'를 훔치면 티가 잘 안 난다는 거죠. 그리고 되도록 우리 분야와는 거리가 먼 분야에서 가져오면 티가 잘 나지 않는다는 지혜입니다.

남충식, 《기획은 2형식이다》 내용 요약

06

스타강사들의
스피치를 훔치는 5단계

스타강사들의 스피치 패턴을 훔치는 방법을 공개하겠다. 여기서 오해하지 말아야 할 것은 표절하라는 말이 아니다. 창조적으로 모방하자는 것이다. 눈에 보이는 정보와 어휘를 훔치는 것이 아니라 보이지 않는 그들의 생각논리와 패턴을 분석하자는 것이다. 어떻게 스타강사의 생각을 훔칠 수 있을까? 스피치 패턴 분석 5단계를 살펴보자.

1단계) 교과서로 삼을만한 스피치 영상 찾기

가장 먼저 해야 할 일은 당신이 분석하고 싶은 스피치 영상을 검색해 보는 것이다. 평소 좋아하던 스타강사나 닮고 싶은 강연가의 스피치 영상을 찾는다. 꼭 스타강사가 아니어도 좋다. 분야의 전문가

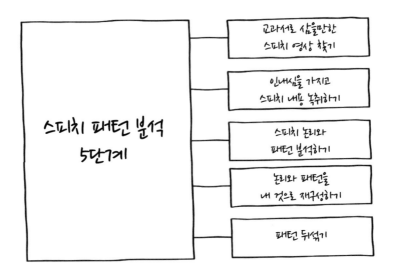

스피치 패턴 분석
5단계

- 교과서로 삼을만한 스피치 영상 찾기
- 인내심을 가지고 스피치 내용 녹취하기
- 스피치 논리와 패턴 분석하기
- 논리와 패턴을 내 것으로 재구성하기
- 패턴 뒤섞기

가 강연하는 내용이나 개그맨들이 예능프로그램에서 에피소드를 말하는 영상도 좋은 자료다. 〈세상을 바꾸는 시간 15분〉〈TED〉와 같은 강연은 검증된 연사들의 스피치라 좋은 교재가 된다. 혹시라도 정보를 잘 모르는 독자를 위해 추천 영상과 추천 연사를 소개한다. 한 사람을 선택해 집중적으로 분석해 보고, 또 여러 사람들의 스피치를 분석해 보자.

2단계) 인내심을 가지고 스피치 내용 녹취하기

스피치 분석을 한다고 하면 강연자의 말을 듣고 머리로 하는 것이라고 착각할 수 있는데 분석은 머리가 아니라 손으로 하는 것이다. 말을 글로 옮긴 후 글을 보면서 분석해야 한다. 스피치 대본을 분석하

> • 추천 영상
> 세바시 〈세상을 바꾸는 시간 15분〉
> JTBC 〈말하는대로〉 〈차이나는 클라스〉
> KBS 〈오늘 미래를 말하다〉 〈TED〉
> EBS 〈위대한 수업〉
> tvN 〈미래수업〉 〈스타특강쇼〉 〈월간 커넥터〉 〈어쩌다 어른〉
> 기타 : '유튜브'에서 '강연' 검색
>
> • 추천 연사
> 김경일, 김미경, 김정운, 김지윤, 김제동, 김창옥, 설민석, 손석희, 송길영, 조
> 승연, 최진기, 허태균 등 (가나다순)
> 기타 : 방송인, 개그맨 등

기 위해 가장 먼저 해야 할 일은 녹취다. 녹취란 말을 타이핑해서 글로 옮기는 작업이다. 녹취를 할 때 필요한 건 인내심이다.

말을 잘하고 싶은 열망이 컸던 나는 1시간짜리 강연 영상을 5시간 동안 녹취했다. 시간도 많이 걸리고 비효율적으로 보이지만 녹취를 하기 위해 말을 반복해 듣다 보면 '듣는 귀'가 생긴다. 말을 잘하려면 우선 잘 들어야 하는데 녹취를 하는 과정에서 경청의 힘이 길러진다.

녹취를 잘할 수 있는 몇 가지 팁을 소개해 보면 우선 재생속도를 2배 이상 느리게 하면 타이핑하는데 도움이 된다. 타이핑할 때 가급적이면 연사의 말을 그대로 녹취하길 권한다. 요약해서 녹취하다 보면 연사의 생각을 있는 그대로 분석할 수 없다. 간혹 내용이 왜곡되는 일도 생긴다. "어, 음" 이런 습관적인 말은 생략해도 되는데, 간혹

이런 한마디 속에 의미가 담겨있는 경우도 있으니 중요한 포인트는 살려주는 게 좋다. 녹취를 할 때는 연사의 말뿐만 아니라 '청중 웃음' '청중 놀람'과 같이 청중의 반응을 함께 넣어주면 대본을 분석하는 데 도움이 된다. 시간이 없는 경우 네이버 클로바노트 앱을 활용하면 음성파일을 쉽게 텍스트로 변환할 수 있다.

3단계) 스피치 논리와 패턴 분석하기

녹취를 마쳤다면 글을 보며 생각의 논리와 패턴을 분석해야 한다. 분석을 할 때는 단락마다 핵심이 무엇인지 파악한다. 왜 이러한 메시지가 나왔는지 의도를 찾고, 어떤 논리구조로 대본을 만들었는지 분석한다. 참고로 논리를 분석하는 방법은 쉽지 않다. 분석을 하는 시간도 상당히 오래 걸린다. 1시간짜리 대본을 5시간 동안 녹취하고 10시간 이상 분석해 본 경험도 있다. 이처럼 한 문장, 한 문단, 한 페이지의 핵심내용을 일일이 분석하고 논리구성을 파악하기란 쉽지 않은 일이다. 분석에서 중요한 것은 자세다. 격물치지(格物致知), 모든 사물의 이치를 끝까지 파고들어 앎에 이른다는 말처럼 그들의 논리와 패턴이 분석될 때까지 파고들어야 한다. 이 책을 끝까지 읽다 보면 스피치 패턴을 분석하는 방법을 알게 될 것이다.

4단계) 논리와 패턴을 내 것으로 재구성하기

가장 중요한 단계다. 분석한 스타강사의 논리를 내 것으로 만들어 보자. 뼈대는 남기고 내용만 바꾼다. 티 나지 않게 단어를 바꿔보자. 놀랍게도 스타강사가 말했을 때 감동하는 타이밍에 내가 말해도 청중은 감동하고, 스타강사가 말했을 때 박수 받는 타이밍에 내가 말해도 박수를 받게 된다. 애당초 그런 논리였기 때문이다. 이해를 도울 수 있도록 예시를 준비했다.

[예시 1] 설민석 강사처럼 쉽게 풀어서 설명하기

설민석 : 자, 이번에는 〈명량〉이라는 영화를 통해서 여러분들을 찾아뵙게 되었는데요. 이 명량해전은 배경이 임진왜란 아닙니까? 일단 임진왜란 보고 영화 이야기를 풀어보도록 하겠습니다. 임진년에 왜인들이 난을 벌렸다. 그래서 임진왜란인데요. 자, 지도 한 번 살펴보시죠.

↓ ('풀어서 설명하기' 훔치기)

복주환 : 유대인 학습법을 보면 하브루타라는 용어가 나옵니다. 유대인은 하브루타 교육을 받고 성장한 덕분에 전 세계를 이끌어가는 리더들이 탄생했다 해도 과언이 아닐텐데요. 하브루타라는 말은 하베르에서 유래가 되었다고 합니다. 하베르는 친구라는 뜻입니다. 친구는 두 명 이상이죠? 두 명이 마주 보고 무엇을 할까요? 대화하고, 모르면 질문하고, 다른 의견이면 서로 토론을 하는 것입니다. 그것이 바로 하브루타 학습입니다.

설민석 강사의 '풀어서 설명하기' 패턴을 훔쳐왔다. 이처럼 설명을 잘하는 사람은 어려운 단어를 쉽게 풀어주는 기술을 사용한다.

[예시 2] 김창옥 교수처럼 자신의 단점을 유머 멘트로 만들기

김창옥 : 네, 반갑습니다. 솔직히 여러분 사실 제가 교수 같은 느낌은 아니죠. 저도 알고 있습니다. 그래서 어떤 지역에 가서 제가 어디 가면 분위기가 가장 잘 어울릴 것 같냐고 그랬더니 미장원에 가면 잘 어울릴 것 같다고…. (청중 웃음) 여러분 오늘 뭐 비도 오는데 '강의다' 생각하지 마시고 머리하러 왔다 생각하세요. (청중 웃음) 졸리면 살짝 주무십시오. (청중 웃음)

↓ ('반전유머' 훔치기)

복주환 : 반갑습니다. 기업체에 갈 때마다 사람들이 놀라요. 왜 그럴까요? (청중 : 강사님이 젊어 보여서요) 맞아요. 젊어 보여서. (청중 웃음) 하나 질문할게요. 젊은 거 같아요. 동안인 거 같아요? 둘 다 맞습니다. (청중 웃음) 누가 그러더라고요. 정장 입은 대학생 같다고. (청중 웃음)

김창옥 교수의 '반전유머' 패턴을 훔쳐왔다. 자신이 갖고 있는 콤플렉스나 단점을 솔직하게 말한 뒤 그것을 반전유머로 승화하는 기술이다.

[예시 3] 김지윤 소장의 논리구조 훔쳐오기

김지윤 : 연애만큼 어려운 게 또 있을까 이런 생각을 하게 되었어요. 나와 같은 사람들에게 도움이 되겠다 해서 정리한 게 연애 7단계예요. 첫

번째는 고독기예요. 고독기에서 우리의 사랑 이야기가 시작되죠. (생략)

↓ ('논리구조' 훔치기)

　복주환 : 생각을 정리하는 순서는 3단계가 있어요. 첫 번째는 머릿속 생각을 눈에 보이게 '나열'하기, 두 번째는 나열된 생각을 기준에 맞춰 '분류'하기, 세 번째는 우선순위를 정하며 '배열'하기입니다.

　김지윤 소장의 논리구조 패턴을 훔쳐왔다. 김지윤 소장은 연애의 7단계를 시간적 흐름으로 논리를 구성했다. 이처럼 논리흐름을 분석할 수 있으면 나만의 논리도 만들 수 있다.

5단계) 패턴 뒤섞기

이렇게 여러 가지 방식으로 여러 강사들의 패턴을 분석하고 내 것으로 만들어 본다. 한 명의 논리를 가지고 말하면 그 연사를 모방하는 게 되지만 지금처럼 수많은 연사들의 패턴을 뒤섞으면 어떻게 될까? 나만의 스타일로 새로운 스피치가 탄생하는 것이다. 창작은 뒤섞는 데서 생기는 것이다.

　시작은 김창옥 교수처럼 재미있게 해보자. 본론은 손석희 앵커처럼 논리적으로 설명하고 김미경 강사처럼 공감되게 얘기하자. 결론은 설민석 강사처럼 일목요연하게 정리해 감동적으로 마무리하자. 그럼 이건 누구의 것인가? 패턴을 뒤섞는 순간, 당신만의 새로운 스피치 스타일이 만들어진다.

진짜로 말 잘하는 방법

제1장의 핵심은 '스피치 대본 만들기'다. 한마디로 표현하면 '생각정리를 잘하면 말하기와 글쓰기를 동시에 잡을 수 있다'는 것이다. 스피치 대본의 목적은 '말하기'지만 만드는 과정은 '글쓰기'이다. 즉, 대본을 기획하는 과정에서 논리를 구성하는 힘이 생기고, 내용을 작성하면서 문장력이 강화된다. 대본을 소리 내어 표현하는 과정에서 말하기 능력이 향상된다. 따라서 '진짜로 말을 잘하려면' 스피치 대본을 제대로 만드는 방법을 알아야 한다. 스피치 대본은 '글쓰기' 형태가 아니라 '논리구조'가 보이는 형태로 작성해야 한다. '논리구조' 형태의 대본은 한 페이지로 볼 수 있으며 내용이 쉽게 이해되고 오랫동안 기억된다는 특징이 있다.

두 번째는 '스피치 대본 분석하기'다. 말을 잘하고 싶다면 말을 잘하는 사람들을 교과서 삼아야 한다. 그것이 가장 빠른 지름길이다. 평소 좋아하던 스피치 연사를 선정해 내용을 녹취하고 분석해 보자. 거기에서 멈추지 말고, 보이지 않는 생각의 논리와 패턴을 훔쳐 나만의 스피치 대본으로 창작해 보자. 여러 가지 스피치 패턴을 뒤섞으면 나만의 스피치 스타일이 만들어진다.

2장

시작과 마무리만 잘해도 사람이 달라 보인다!

01

시작할 때 이렇게 말하면
무조건 손해다

어설픈 애드리브는 절대 금물

강사 활동을 막 시작했을 때의 일이다. 고등학교 3학년을 대상으로 2
시간 특강을 하게 되었는데, 하필이면 그날이 대학수학능력시험 결
과가 나오는 날이었다. 현장에 도착해 학생들을 보니 매우 예민한 상
태였다. 충분히 강의 준비를 하고 왔지만 무거운 분위기 때문인지 긴
장이 되었다. 과연 잘할 수 있을까? 분위기를 풀려면 어떤 말로 시작
해야 할까? 당시 강의 경험이 많지 않았던 나는 머릿속에 떠오르는
말을 '즉흥적'으로 내뱉고 말았다.

"여러분, 오늘 강의 기대되시죠?"

"아니요."

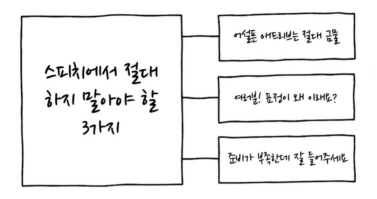

전혀 예상치 못했던 답변이었다. 설득 심리 중 연사에 대해 호감을 갖게 하려면 첫 멘트에 "YES"를 유도하라는 말이 있다. 그런데 학생들의 입에서 "NO"가 나오고 만 것이다. "NO"가 반복되면 호감을 얻지 못한다. 빨리 이 상황을 벗어나고 싶었다. 그래서 내뱉은 말!

"여러분, 저 알아요?"
"몰라요."

이론대로라면 한 번만 더 "NO"가 나오면 삼진아웃! 세 번 부정적인 말을 내뱉으면 서서히 마음이 닫힌다. 그렇게 되면 이번 특강은 망할 수도 있다. 고민도 잠시, 나도 모르게 이렇게 말해버렸다.

"하하. 나도 여러분들 모르는데. 오늘 강의 궁금하죠?"
"아뇨. 안 궁금해요."

학생들은 재미없다는 표정을 지었다. 그때부터 어떤 학생은 대놓고 엎드려 자기 시작했다. 이어폰을 끼고 노래를 듣는 학생도 보였다. 2시간 동안 강의를 진행하는데 어찌나 힘들게 느껴지던지. 쥐구멍이라도 있으면 들어가고 싶은 심정이었다. 그날 나는 확실히 알게 되었다.

"스피치는 첫 단추가 중요하다!"

아무리 말을 잘하는 사람이라도 청중의 태도와 반응에 영향을 받게 된다. 그래서 스피치를 시작할 때 청중을 긍정적인 상태로 만들어 주는 것은 매우 중요하다. 감정은 긍정적 감정(행복, 만족, 기쁨 등)과 부정적 감정(짜증, 우울, 분노 등)으로 나뉘는데 부정적 감정을 많이 가지고 있을 경우 학습이 힘들어지는 것은 당연하다.

청중을 긍정적 상태로 만드는 좋은 방법은 YES라는 답변을 유도하는 것이다. 예를 들면 아침 교육일 경우 "여러분 식사 맛있게 하시고 오셨나요?"라고 하면 식사를 못하고 일찍 나오느라 "아니요"라고 말하는 사람이 많다. 차라리 "오늘 아침 일찍 오시느라 식사 못하셨죠?"처럼 "YES"를 유도하는 질문을 해야 한다. 이어서 "머릿속에 생각정리가 잘 안 되어 한 번이라도 고민해 보신 적 있으시죠?" "YES" "지금 즉시 생각을 정리할 수 있는 방법이 있습니다. 지금부터 시작할까요?" "YES"와 같이 주제와 관련해 YES를 유도할 수 있는 질문을 하면 좋다.

여러분! 표정이 왜 이래요?

두 번째로 하지 말아야 할 것은 '표정에 대한 지적' 또는 '웃음에 대한 강요'이다. 무대 위에 올라와 청중들을 보면 대부분 무표정으로 앉아 있다. 이것이 자연스러운 것이다. 우리가 누군가의 스피치를 들을 때 처음부터 끝까지 계속해서 웃으면서 듣고 있는가? 집중을 할 때 표정은 제각각이다. 미소를 짓고 있다고 해서 경청하는 것도 아니고, 무표정으로 있다고 해서 스피치에 불만이 있는 것도 아니다. 오히려 무표정을 짓는 사람이 스피치에 더 집중하고 있는 것일지도 모른다. 그런데 스피치 경험이 많지 않다 보면 분위기를 좀 띄워보고자 이런 말을 하게 된다.

"여러분, 좀 웃으세요. 화났어요?"

웃음에 대한 강요. 이 말을 들은 청중들은 처음에는 억지웃음을 짓는다. 한 번이야 괜찮겠지만 분위기가 풀리지 않을 때마다 계속 화났냐고, 웃어달라고 강요하면 분위기는 어떻게 될까? 연사 자신도 웃지 않으면서 왜 웃음을 강요하냐고 불만을 갖고 마음을 닫게 될 것이다.

청중을 웃게 만드는 것도 연사의 능력이다. 나는 매일 강연장으로 향하는 이동시간에 '미소 훈련'을 한다. 방법은 간단하다. 안면 스트레칭을 통해 얼굴을 푼다. 3초 동안 입을 가장 크게 벌렸다가 3초 동안 오므리는 동작을 10회 정도 반복한다. 그다음 소리를 내어 3분 이상 하하하 웃는다. 사람이 많은 곳에서는 민망하기 때문에 운전을 하며 차 안에서 소리 내어 웃는 훈련을 한다. 직접 해보면 알겠지만 3분 이상 웃는 것은 생각보다 쉬운 일이 아니다. 그래서 훈련이라고 하는 것이다.

스피치는 단순히 언어전달만 하는 것이 아니라 에너지를 전달하는 일이다. 긍정적인 에너지 상태를 만들어 놓지 않으면 소통하는 데 어려움을 겪는다. 웃음 연습을 하고 청중을 만날 때와 연습을 하지 않고 만날 때의 반응은 큰 차이가 난다. 내가 먼저 웃는 모습으로 시작을 하면 청중은 호감을 보이며 함께 웃어준다. 웃음은 파동이다. 한번 웃음이 터지면 강의 내내 웃음이 끊임없이 이어진다. 웃음은 바이러스이기 때문이다. 청중에게 화났냐고 웃어달라고 강요하지 말고 나부터 웃는 연습을 해보면 어떨까? 거울은 먼저 웃지 않는다. 내가 웃어야 거울도 웃는다. 내가 웃어야 청중도 웃는다는 사실을 꼭 기억하자.

'지옥철'인 지하철에서(혹은 버스에서) 사람이 많을 때 혼자 탈 수 있는 방법이 한 가지 있습니다. 그냥 웃으세요. '행복해서 웃는 게 아니라 웃어서 행복하다.' 이런 말을 하려고 하는 게 아닙니다. 그러나 웃으면 조금은 좋은 일이 생깁니다. 버스에 타고 서서 갈 때 여기가 지옥이라고 느낀다면 그냥 크게 웃어보세요. "하하하하! 하하하하!" (청중 웃음) 굉장히 넓게 가실 수 있습니다. (박장대소) 진짜 넓게 갈 수 있습니다. 자리에 앉아 가고 싶다면 앉아있는 사람 앞에서 크게 웃어보세요. "하하하하! 하하하하!" (청중 웃음) 거기에 앉아 갈 수 있을 것입니다. (박장대소) 넓게 앉아서 가고 싶으시다면 앉아서 양쪽을 보며 웃으세요. "하하하하! 하하하하!" (박장대소) 다 떠나면 누워서 갈 수 있습니다. 아침에 똑같은 번호에 똑같은 차에서 일주일만 반복해 보세요. 그 버스를 혼자 타고 가실 수 있습니다. (박수와 함께 박장대소)

김제동, 〈2017 청춘콘서트〉 '웃음에 대한 유머' 중에서

준비가 부족한데 잘 들어주세요

누군가를 설득하기 위해서는 공신력(公信力)이 필요하다. 공신력은 청중이 연사를 신뢰하는 마음인데 이를 무너뜨리는 한마디가 있다.

"준비가 부족한데…. 부족하지만 잘 들어주세요."

겸손의 미덕을 생각해 습관처럼 "부족하다"고 말하는 사람이 있다. 스피치를 할 때 "준비가 부족하다"고 말하면 겸손해 보일 것이라는 생각은 착각이다. 그냥 준비가 부족해 보일 뿐이다.

아리스토텔레스가 저서 《수사학》에서 주장한 '설득의 3요소'가 있다. 로고스(Logos), 파토스(Pathos), 에토스(Ethos)이다. 로고스는 '논리'다. 누군가를 설득하기 위해서는 청중이 납득하고 합리적인 결정을 내릴 수 있는 논리를 담아야 한다는 뜻이다. 파토스는 '열정'이다. 메시지에 강한 열정이 담겨 있어야 하고, 열정에 대해 공감을 이끌어 낼 수 있어야 한다는 뜻이다. 에토스는 '신뢰'다. 연사에 대한 신뢰가

있을 때 비로소 청중이 설득될 수 있다는 뜻이다.

　청중은 능력이 있고 전문성 있는 사람의 말을 듣고 싶어 한다. 따라서 스피치 시작에서는 연사가 믿을 만한 사람이라는 '신뢰'를 보여줘야 한다. 주제와 관련된 분야에 대해 충분한 지식과 경험, 전문성이 있다는 것을 사람들에게 보여줘야 한다. "준비가 부족하다" "자신이 없다" 등 신뢰를 무너뜨리는 말은 삼가해야 한다.

02

기분 좋은 사람으로 기억되는
자기소개 방법

본격적으로 스피치를 시작하는 방법을 살펴보자. 청중에게 호감과 신뢰도를 높이려면 '자기소개'를 잘해야 한다. 자기소개는 단순한 인사가 아니라, 연사의 공신력을 만드는 중요한 행위이기 때문이다. 어떻게 자기소개를 잘 만들 수 있을까? 세 가지 방법을 제시한다. 한 문장 자기소개 만들기, 스타강사 설민석의 자기소개 따라하기, 마인드맵으로 자기소개 만들기가 있다. 내용을 읽어보고 직접 따라하며 개성있는 나만의 자기소개를 만들어 보자.

한 문장 자기소개 만들기

사실 내 본명은 복주환이 아니라 박주환이다. 밀양 박(朴) 씨, 기둥 주

(柱) 빛날 환(煥). 스무살부터 박주환이 아닌 예명 복주환을 쓰게 된 일화가 있다. 뮤지컬과에 재학했을 때의 일이다. 뮤지컬과에서는 공연 시즌이 되면 전 학년이 다 같이 모여 무대 세트장을 만드는 작업을 한다. 손재주가 없던 나는 오랜 시간 동안 무대 세트장 제작을 하는 게 어렵고 지루했다. 한 번은 무대를 제작하다 말고 '멍' 때리고 있었는데 당시 학생회장이었던 선배가 나에게 말을 걸었다.

"주환아, 여기 돌돌이 좀 들어줄래?"

돌돌이란 전선을 감는 도구다. 멍 때리고 있던 나는 아무 생각 없이 돌돌이를 잡았는데. 아뿔싸! 손잡이가 아니라 전선을 잡고 말았다. 그때 돌돌돌돌 전선이 풀리면서 돌돌이가 선배의 복숭아 뼈를 찍었다. 그때 선배가 고통스러워 하며 "야. 박주환 정신 안 차릴래? 돌돌이로 복숭아 뼈 맞았잖아. 이 복숭아 복주환아!"라고 말했다. 이후 멍 때리다가 선배 복숭아 뼈를 때렸다는 소문이 퍼지게 되었고, 그때부터 내 별명은 복주환이 되었다. 나는 인간관계에 가치를 두고 평판을 중요시 여기는 사람인데, 이 사건 이후로 복주환이라는 별명은 콤플렉스가 되었다.

어떻게 하면 이것을 극복할 수 있을까 고민하던 중 복이 주는 의미에 대해 생각해 봤다. '복숭아 주환, 멍 때리다 복숭아 뼈를 때린 주환'이 아니라 '복을 받는 복 주환'이 되면 어떨까? '복주환' '복주환' '복받는 복주환' 하면서 주문을 걸었다. 그리고 이미지를 회복하기 위해 학업도 학과생활도 두 배는 더 열심히 노력했다. 한 학기가 마쳐갈 무렵 학과 사무실에서 공지가 내려왔다. 1학년 중 연기 발표를 가장 잘하는 학생 한 명을 선정해 장학금을 준다는 내용이었다. 무려 500만원이었다. 누구보다도 최선을 다해 연기를 준비했다. 드디어 장학금을 발표하는 순간이 왔다.

"스타니슬랍스키 장학금, 500만원의 주인공! 1학년 박주환!
아, 복주환이죠? 복주환, 장학금 축하드립니다."

내 이름이 호명되자 동기와 선배들은 모두 "쟤 진짜 복주환이네! 복을 받아서 복주환이네! 진짜 복 받았네" 하면서 격려해 주었다. 내가 주문을 걸었던 '복 복 복주환'이 실현된 것이다. 그 이후로 사람들은 내가 복이 많은 사람으로 인지하게 되었고, 스스로도 그렇게 생각하니 나에게도 주변 사람에게도 좋은 일들이 많이 생기게 되었다. 이 에피소드를 떠올리며, 이렇게 자기소개를 한 문장으로 만들었다.

보기만 해도 복이 생기는 남자,
여러분들에게 복을 드리러 온 남자,
복! 복! 복! 복주환입니다!

짧지만 임팩트 있는 자기소개로 10명이든 1,000명이든 청중을 사로잡을 수 있었다. 혹시 당신도 이름이나 별명과 관련된 에피소드가 있는가? 에피소드를 한 문장으로 요약해서 자기소개를 만들어 보자. 세상에 하나뿐인 당신만의 개성 넘치는 자기소개가 될 것이다.

Q. 한 문장으로 자기소개를 만들어 보자!

설민석 강사의 자기소개에 숨겨져 있는 3가지 비밀

한국사 전문가 설민석의 강의는 시작부터 남다르다. 그의 자기소개는 짧지만 임팩트가 있다. 한 번 들으면 오랫동안 기억에 남는다. 간단해 보이지만 청중을 사로잡는 세 가지 비밀이 숨겨져 있다.

> **"역사를 사랑하는 대한민국 국민 여러분!**
> **저는 21년 동안 이 땅에서 한국사 강의를 해온**
> **한국사 전문가 설 민석입니다."**

첫째, 청중을 구체적으로 말한다. 그는 "여러분"이라고 말하는 것이 아니라 "역사를 사랑하는 대한민국 국민 여러분!"이라고 말한다. 서울시청에서 강의를 할 때는 "대한민국의 중심, 서울의 중심부인 서울시청에서 시민들을 모시는 마음으로 열심히 일하는 서울시청 여러분!"이라고 구체적으로 말한다. 구체적으로 대상을 말해주면 이에 해당하는 사람들은 스피치에 집중하게 된다. 자신이 대상에 속해 있기 때문이다. 당신도 "여러분"이라고 막연하게 말하는 것이 아니라 "지금부터 저의 발표를 경청해 주실 존경하는 ○○회사 임직원 여러분!" 이렇게 구체적으로 말해 보자. 청중들은 자신도 모르게 스피치를 경청하고 집중할 것이다.

둘째, 자신의 전문성을 밝힌다. 설민석 강사가 "21년 동안 이 땅에서 한국사 강의를 해왔다"는 것을 굳이 밝히는 이유가 무엇일까? 아무리 유명해도 말해주지 않으면 사람들은 그의 전문성을 알지 못하기 때문이다. 주제와 관련된 자신의 전문성이 무엇인지 이야기해 주면 공신력(公信力)이 생겨 청중은 연사의 말에 집중하게 된다. 전문성을 말할 때는 단순히 "한국사를 강의했다"는 말보다 그 앞에 "21년 동안"이라는 말처럼 숫자를 넣어 말하면 신뢰도가 높아진다. 당신도 이렇게 말해 보자. "한 달 동안 최선을 다해 스피치를 준비한" "오늘 주제에 대해 50권 이상의 책을 읽으며 발표를 준비한 ○○○입니다." 어떠한가, 솔깃하지 않은가?

셋째, 이름을 각인시킨다. 설민석 강사는 "설민석입니다"라고 이름을 붙여서 말하는 게 아니라 '설, 민석' 또는 '설민, 석'이라고 한 단어를 강조한다. 이름을 명확하게 각인시키기 위해서다. 나 역시도 "복주환입니다"라고 하지 않고 "복, 주환입니다"라고 말하는데 그 결과 이름은 기억하지 못해도 '복' 강사라는 것은 사람들이 기억한다. 당신도 이름을 기억시키고 싶다면 강조하고 싶은 단어 앞에 포즈를 두고 말해 보자.

설민석 강사의 자기소개의 비밀을 알았다면 다음 예시를 참고하여 당신만의 임팩트 있는 자기소개를 만들어 보자.

예시 1	
청중	복잡한 머릿속을 스마트하게 정리하고 싶은 여러분!
전문성	10년 동안 생각정리만을 연구하고 생각정리만을 공부한
이름	생각정리전문가 복. 주환입니다. 반갑습니다!

예시 2	
청중	연애로 인해 고민하고 있는 여러분!
전문성	저는 당신의 온전한 반쪽을 찾아드리는 연.D(half moon)
이름	연애컨설턴트 김. 지영입니다. 반가워요!

연습 1	
청중	
전문성	
이름	

연습 2	
청중	
전문성	
이름	

연습 3	
청중	
전문성	
이름	

마인드맵으로 자기소개 만들기

마인드맵은 생각을 구조화하고 확장하는데 유용한 생각정리 도구이다. 키워드 중심으로 작성하기 때문에 핵심이 한눈에 보이며, 한 페이지로 생각을 정리하고 시각화해 볼 수 있다는 장점이 있다. 마인드맵은 토픽의 종류와 가지의 종류를 이해해야 한다.

1) 중심토픽

마인드맵은 중심토픽부터 시작된다. 중심토픽은 맵의 주제가 되는 생각이다. 중심토픽에는 이름을 적는다. 여기에 '스피치 전문가(주제) 복주환(이름)'처럼 이름 위에 주제를 함께 적으면 자기소개와 관련된 내용을 구체적으로 연관하여 생각할 수 있다.

스피치 전문가
복주환

2) 주요토픽

주요토픽은 중심토픽에 대한 핵심 키워드다. 주요토픽의 역할은 생각이 어디까지 펼쳐질 것인지 범위를 정해주며, 생각을 핵심에서 벗어나지 않게 해준다. '스피치 전문가 복주환'에 대한 주제로 자기소개를 만들기 위해, 주요토픽으로 '전공/이력, 성장과정, 교육주제'라는 3가지 키워드를 적어보았다.

3) 하위토픽

하위토픽, 즉 세부내용을 만들기 위해서는 가지 치는 방법을 알아야
한다. '가지'의 원리를 알지 못하면 생각이 원하는 만큼 '가지' 않는
다. 가지 속에는 어떤 원리가 숨겨 있을까? ① 연상가지, ② 분류가
지, ③ 질문가지, ④ 만다라트가지 등이 있다.

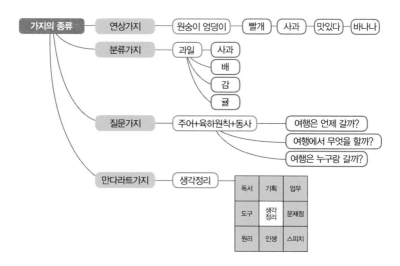

① 연상가지

떠오르는 대로 연상하며 가지를 치는 방식이다. 연상의 가지는 아이
디어가 확산되는 원리다. '질보다는 양'을 강조하는 아이디어 발상도

구인 브레인스토밍 기법에서 많이 사용하는 가지다. 다양한 아이디어를 자유롭게 생각할 수 있다는 장점이 있다. 반면, 논리의 개연성이 부족하다는 한계도 있다. 종종 마인드맵을 하면서 정리가 안 되는 이유 중 하나는 연상가지를 지나치게 많이 사용했기 때문이다. 다음 연상가지가 어떻게 사용되었는지 살펴보자.

② 분류가지

마인드맵의 특징은 구조적으로 생각을 할 수 있다는 것이다. 구조적으로 생각을 하게 되면 중복과 누락을 한눈에 살펴볼 수 있다. 또한 비슷한 주제끼리 모아서 분류도 할 수 있다. 생각정리는 분류가지를 통해 이루어진다. 분류가 곧 정리다. 분류를 할 때는 하위토픽(사과, 배, 감, 귤)에 대한 상위토픽(과일)을 직상위 개념으로 묶어준다. 자기소개 마인드맵에서는 어떻게 활용되었는지 살펴보자.

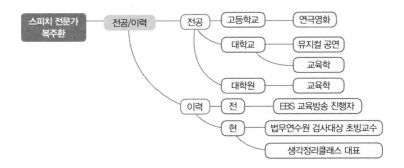

③ 질문가지

필자는 《생각정리스킬》에서 질문의 지도라는 뜻으로 '퀘스천맵'을 소개했다. '질문가지'를 사용하면 생각을 막힘없이 만들어 낼 수 있다. 마인드맵에 '육하원칙'을 활용하여 꼬리에 꼬리를 무는 방식으로 생각을 정리해 보자. 생각이 확장되고 정리되는 것을 느낄 것이다. 다음 마인드맵은 '질문'의 가지를 활용해 세부내용을 만든 것이다.

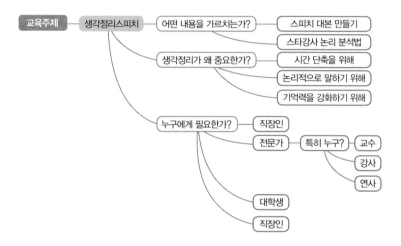

④ 만다라트가지

필요한 경우 마인드맵에 만다라트가지를 함께 사용해 보자. 만다라트의 특징은 칸을 채우고 싶은 심리를 활용해 아이디어를 발상할 수 있다는 것이다. 8가지 키워드를 한눈에 볼 수 있다는 장점도 있다. 마인드맵에 만다라트가지를 활용하면 구체적으로 생각정리를 할 수 있다.

생각정리스피치

4) 스피치 흐름 만들기

마인드맵을 완성했다면 이제 스피치의 흐름을 만들어야 한다. 어떻게 말할 것인가, 어떤 순서로 말하면 상대방에게 잘 전달될 수 있을 것인가를 생각하며 스피치 흐름을 만들어 보자. 흐름을 만드는 방법은 말하는 순서를 생각해 번호를 매기고 우선순위를 정하면 된다. 이때 필요한 생각은 더 구체화하고, 불필요한 생각은 삭제해도 좋다.

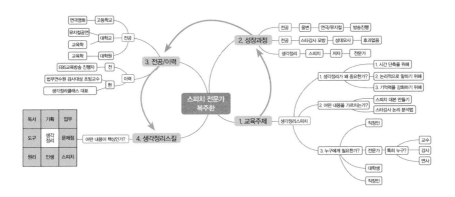

5) 마인드맵 제목 만들기

마인드맵을 완성하는 방법은 마인드맵을 한마디로 요약하는 것이다. 제목을 붙이면 마인드맵이 완전히 이해가 되며, 오랫동안 기억에 남는다. 마인드맵에 정리된 생각을 보며 내용을 한마디로 요약해 보자.

"진짜로 말을 잘하고 싶었던 사람!

결국 그 방법을 찾은 사람, 복주환의 이야기"

6) 스피치 대본 작성하기

이렇게 마인드맵으로 통해 만들어진 내용이 바로《생각정리스피치》의
프롤로그와 1장의 '가짜로 말 잘하는 사람 vs 진짜로 말 잘하는 사
람'이다! 마인드맵 덕분에 빠른 속도로 생각을 정리하고 막힘없이 글
로 옮길 수 있었다. 지금부터 당신도 마인드맵으로 자기소개 스피치를
만들어 보자!

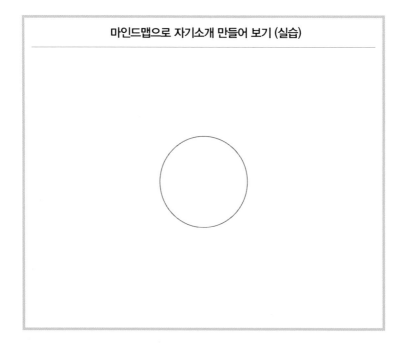

마인드맵으로 자기소개 만들어 보기 (실습)

03

자랑하면 욕먹고
스토리면 통한다

대놓고 자랑하지 말자

가장 매력 없는 자기소개 방식은 이력과 경력을 나열하여 말하는 것
이다. PPT를 넘기며, 자신이 무엇을 해왔고 얼마나 대단한 사람인지
시간적 순서로 이력을 말하며 자신의 업적을 대놓고 자랑하는 경우
가 허다하다.

[주요 경력]

○○대학교 졸업 / ○○대학원 교육전공 (교육학석사)

○○연수원 위촉교수 / ○○ 전문위원 / ○○대학교 외래교수

MBC 출연, KBS 출연, SBS 출연 / ○○ 명강사 수상

물론 공신력을 만들기 위해서는 적당히 자신의 이력과 경력을 PR 하는 것이 필요하다. 하지만 업적에 대해 말할 때 나열식 방식은 자랑처럼 느껴지기 때문에 듣는 사람은 거부감을 느끼게 된다. 빛이 너무 강하면 눈살이 찌푸려진다. 그렇다면 어떻게 해야 할까? 자랑을 하더라도 대놓고 하지 말고 스토리로 하면 자연스럽게 전달된다.

스토리로 자랑하라

조승연 작가는 〈드림하이 콘서트〉에서 외국어 전문가로 성장하게 된 배경을 '이력나열'이 아닌 '스토리'로 전한다. 차이를 설명하기 위해 다음과 같이 '이력나열식' 자기소개 예시문을 만들어 봤다.

안녕하세요. 조승연입니다. 저는 외국어 전문가로 방송활동을 하고 있습니다. 저는 오랜 기간 동안 미국에서 유학을 했으며 라틴어를 배웠습니다. 또 그곳에서 1년 동안 프랑스어를 독학했고, 이탈리아어는 6개월 동안 독학을 했습니다.

어떠한가? 무슨 일을 했는지 핵심은 잘 전달되지만 '그렇구나. 대단한 사람이네' 정도만 느껴진다. 그렇지만 그는 '이력나열식'으로 자기소개를 하지 않는다. '스토리' 형식으로 자연스럽게 자기소개를 하고 공감을 얻는다. 이력나열 형식과 스토리 형식이 어떤 차이가 있는지 살펴보자.

제가 처음에 미국으로 유학을 갔을 때였어요. 저는 미국에 유학 가기 전에 제가 영어를 굉장히 잘하는 줄 알았습니다. 왜냐하면 제가 강원도에서 자라다가 초등학교 5학년 때 서울로 전학을 갔는데, 전학을 가자마자 이 시골 아이가 서울의 중심부에 있는 여의도, 여의도초등학교 5학년 3반 영어 말하기 대회 1등! 캬, 요 정도는 했거든요, 요 정도는. 그래서 요 정도는 영어를 했기 때문에 내가 영어를 굉장히 잘한다고 생각을 하고 있었어요.

그래서 미국에 가면은 영어만 잘하면 된다잖아요. 그러니까 미국에 가서도 여의도에서 영어를 잘한 게 영어를 잘하는 건 줄 알았어요. 그런데 미국에 딱 가니까, 굉장한 충격을 느끼게 됐는데 모든 사람이 다 원어민이었습니다. 저는 그런 거를 상상조차 못했거든요.

그런데 거기 가니까 미국의 공부 잘하는 애들이 다 V넥 스웨터를 입고 라틴어를 공부하고 있는 거예요. 너무 멋있는 거예요. 그래서 선생님, 저도 '저거 한 번 배워보고 싶어요' 했더니 선생님이 웃었어요. 일단 외국인이 영어도 못하는데 라틴어를 배운다는 거는… 샘 오취리 씨는 공감하겠지만 한국말이 서툰 외국인이 와가지고 '저 천자문과 논어 맹자를 배우고 싶습니다' 이거랑 똑같은 거거든요.

그런데 '내가 이왕 미국에 왔으면 한국에서 듣지도 보지도 못한 것을 배워가야 무언가 한국에 가서 가치가 있지, 내가 남들이랑 똑같이 한국에서 배울 수 있는 영어나 수학이나 과학 같은 거 배워 가봤자 한국 가도 남들도 다 할 줄 아는 거를… 그거 무슨 소용 있겠어요?' 하고 얘기했더니 선생님이 '그래 니 성적인데 뭐, 내가 네 인생 대신 살아주냐'며 라틴어를 듣게 되었습니다. 제가 라틴어를 정말 열심히 공부해 가지고 1년 후에 라틴어 성적을 딱 받았는데, D가 나왔어요. 그런데 제가 질기게 라틴어 공부 3년 정도 하고 그다음에 포기했습니다.

그런데 라틴어를 그때 배워둔 것이 프랑스어 하고 이태리어를 배울 때 마치 한문을 잘 공부한 사람이 중국어하고 일본어를 쉽게 배우듯이, 프랑스어를 독학으로 배웠는데 1년밖에 안 걸렸고, 이탈리아어를 독학으로 배웠는데 6개월밖에 안 걸렸는데 그 이유는 다 라틴어랑 상당히 비슷하기 때문이에요. '왜 동양 사람이 와가지고 서양 고어를 배우느냐, 그거 아무도 안 쓰는 언어다. 2000년 전 옛날 문헌이나 읽지 아무도 안 쓰는 언어다. 그 쓸데없는 걸 왜 해?'라고 한 게 오늘날 제가 외국어 전문가로서 방송을 할 수 있는 기초가 되었다는 거죠.

조승연, 〈2016 KBS 드림하이 콘서트〉 중에서

스토리로 자신의 이력을 설명한 덕분에 거부감이 느껴지지 않으며, 자연스럽게 PR도 되고 오랫동안 내용이 기억에 남는다. 이처럼 같은 내용도 말하는 방식에 따라 느낌이 달라진다.

스토리 자기소개 사례 (조규림 대표)

다음은 생각정리클래스 수료생이자 카이기획을 운영하고 있는 조규림 대표의 사례다. 이력나열식으로 이야기하면 사실을 말하는 것이지만 왠지 모르게 자랑처럼 느껴져서 거부감이 생길 수 있다. 반면 스토리로 자기소개를 하면 그 사람의 이야기에 감정이 이입되고 공감이 되어 오랫동안 기억에 남는다.

[이력나열식]

안녕하세요. 카이기획 및 퍼스널비즈니스협회 조규림 대표입니다. 기획자로서 퍼스널브랜딩 및 퍼스널비즈니스 기획, 강연·강의 기획, 온라인클래스 기획, 책 출간 기획, 유튜브 채널 운영, 퍼스널비즈니스 기획 등 다양한 기획을 하고 있습니다.

쿠팡에서 MD(상품기획자) 및 바이어 업무를 한 후, 취업 컨설턴트와 커리어 컨설턴트, 퍼스널브랜딩 컨설턴트를 거쳐 현재는 카이기획에서 퍼스널비즈니스를 컨설팅하며 비즈니스모델, 브랜딩, 마케팅 등을 컨설팅하고 있습니다. 감사합니다.

[스토리방식]

안녕하세요. 카이기획 및 퍼스널비즈니스협회 조규림 대표입니다. 컨설턴트로서 커리어, 퍼스널브랜딩, 퍼스널비즈니스 컨설팅과 교육을 제공하고 있습니다. 기획자로서는 강연, 강의, 온라인클래스, 책 출간, 유튜브 채널 운영, 퍼스널비즈니스 등을 기획하고 있습니다.

저는 많은 사람들이 자기만의 사업을 할 수 있도록 컨설팅하고 기획하는 것을 도와주는 사람입니다. 어린 시절 누구도 저에게 사업을 하라고 독려해 준 사람은 없었습니다. 주변에 사업을 하는 사람들도 없었고요. 하지만 회사에 다닐 때도 늘 생각했습니다. 쿠팡이라는 회사에 5,500명의 지원자들 중 감사하게도 1등으로 수석 입사를 했고, 상품기획자(MD)와 바이어로 열심히 일했지만 언젠가는 회사를 떠나 나만의 사업을 해야 한다는 생각을 가지고 있었습니다.

회사생활을 3년 정도 한 후, 나만이 할 수 있는 일을 해보고자 퇴사를 했습니다. 처음에는 시행착오가 많았습니다. 나만의 일을 찾고자 10번이 넘는 이직과 퇴사를 했었죠. 하지만 긍정적으로 생각하며 그래도 이렇게 합격을 할 수 있다는 것은 자기소개서를 잘 작성하고 면접을 잘 본다는 것이 아닐까 하는 생각이 들었습니다. 그래서 힘들다는 생각을 부침개 뒤집듯 탁 뒤집어 이것이 나의 강점이 될 수도 있겠다고 생각했습니다. 실제로 면접을 잘 보는 노하우가 있어서 친구들의 자기소개서 작성과 면접을 도와준 적이 많았어요. 그러한 경험을 바탕으로 하여 취업 컨설턴트, 대입 컨설턴트, 커리어 컨설턴트로도 성장할 수 있었습니다.

이후 강사, 강연가, 사업가, 크리에이터가 되어 학생들뿐만 아니라 각 방면의 크리에이터와 사업가 분들의 브랜딩을 도와주고 매니징하는 일을 하면서 퍼스널비즈니스 컨설턴트로 성장했고, 현재는 퍼스널비즈니스협회에서는 연간 120명이 넘는 협회 대표님들을 컨설팅해 드리고 있습니다.

8살 때부터 아빠도 없이 한부모 가정에서 자랐고, 3평짜리 고시원에 살았던 한 소녀가 이제 당당히 자기만의 사업을 하는 사업가가 되었습니다. 제 삶이 사람들에게 한 줄기 희망과 빛이 되길 바라며, 앞으로도 더 많은 사람들이 자기만의 일과 사업을 찾아갈 수 있도록 돕는 사람이 되겠습니다!

주제에 맞게 내용을 업데이트하라!

대상이 바뀌거나 스피치 주제가 바뀌었다면 그것에 맞춰 자기소개 내용을 재구성해야 한다. 나의 경우 '독서정리스킬'을 교육할 때에는 독서에 대한 에피소드를 사용한다. 내가 왜 독서를 하게 되었는지, 독서를 연구한 후 성과는 무엇인지, 어떤 원리를 깨달았는지 등을 말한다. '생각정리기획력'을 교육할 때에는 내가 창업하게 된 이유와 어떻게 창업을 해서 어떤 성과를 얻을 수 있었는지, 그 방법이 무엇인지를 간략하게 설명한다. 이렇듯 주제에 맞게 내용을 재구성해서 스피치를 해야 한다.

일관된 주제로 자기소개를 하라!

스피치는 일관성이 있어야 한다. 일관성이 있을 때 메시지에 대한 이해도 높아지고 내용이 오랫동안 기억에 남는다. YTN 청년창업 런웨이에 연사로 나왔던 《영향력을 돈으로 만드는 기술》 박세인 저자의 스피치를 보자(지금은 박제인으로 개명을 했다). 그녀는 '생각대로 사는 여자'라는 주제로 시작해 '생각대로 살지 않으면 사는 대로 생각한다'는 메시지로 일관성 있게 스피치를 했다.

[자기소개]

안녕하세요. 소셜마케팅 브랜딩 콘텐츠 제작을 하는 사람북닷컴이라는 기업을 운영하고 있는 '생각대로 사는 여자' 친절한 세인씨, 박세인입니다. 반갑습니다.

스피치를 시작하며 가장 먼저 자신이 하는 일을 말한다. '사람북닷컴'에 대해 '소셜마케팅 브랜딩 콘텐츠 제작을 하는 기업'이라고 명확하게 설명한다. 그 다음 연사 '박세인'은 '생각대로 사는 여자'라는 스피치의 핵심 키워드를 말한다.

[도입 – 질문으로 시작]

여러분들은 생각한 걸 현실로 만들어 보신 경험이 있으신가요? 보통 현실에서 꿈을 이루는 분들이 대개는 영화에서나 볼 수 있는 일이 잖아요. 그런데 저는 창업을 한지 지금 5년 차인데 창업을 통해 정말 많은 꿈들을 이뤄오고 있습니다. 이렇게 될 수 있었던 부분들이 사실은 제가 '친절한 세인씨'라는 휴먼브랜드를 얻었기 때문이라고 생각을 하거든요.

질문은 청중을 사로잡는 가장 강력한 기술이다. 청중에게 질문을 던지면서 앞으로 내용이 어떻게 전개될지 궁금증을 유발한다. "생각한 것을 현실로 만들어 본 경험이 있는지?" 질문을 던지고 자신은 "창업한지 5년 동안 많은 꿈들을 이뤄오고 있다고"고 말하며 다음 내용을 궁금하게 만든다. 역시 주제와 일관성 있는 질문이다.

[본론 – 생각한 것을 만들어 내기 위해 도전하고 노력했던 사람]

생각정리스피치

전 사실 되게 용감하게 창업을 했습니다. 11개월 무이자 할부로 노트북을 사고 그 노트북 한 대를 가지고 창업을 했습니다. 저는 제가 생각한 게 있을 때면 그냥 해봤습니다. 우선 해봐 아님 말고! 그런데 보통 사람들은 생각한 게 있어도 그거를 지금 실행하지 않고 생각하고 나서 그거를 나중에 누군가가 만들어 내면 그때 되서 '어 저거 내가 생각했던 건데' 이렇게 얘기하잖아요. 그런데 저는 그 과정을 넘어서 제가 생각한 것을 항상 만들어 내기 위해 노력했던 사람이라고 할 수 있습니다. (이하 본론 내용은 생략)

본론에서는 '생각한 대로 사는 여자'에 대해 구체적으로 설명한다. '생각한 것을 항상 만들어 내기 위해 노력했던 사람'이고 '자신이 얼마나 용감한지'에 대한 경험을 말한다.

[결론 - 명언으로 마무리]

제가 제일 좋아하는 문구 중에 하난데요. '생각대로 살지 않으면 사는 대로 생각한다'라는 말이 있습니다. 저는 자신에게 기회를 주는 삶을 사셨으면 좋겠구요. 여러분들이 창업하고 이러는 과정 안에서 내가 브랜드를 만들고 싶다는 욕심이 있으면 하시면 됩니다. 아님 말고 정신을 가지고. 그래서 여러분들이 가지고 있는 자신의 원석이 누구나 다 존재하거든요. 그런데 우리는 그거를 갈고 닦지 않아서 아직 원석의 상태예요. 근데 그 원석들을 정말 잘 다듬고 또 SNS라는 좋은 채널을 만나서 보석으로 잘 다듬어서 멋진 반짝반짝 빛나는 휴먼브랜드로 여러분들도 탄생하시길 바라겠습니다.

'생각한 대로 사는 여자'로 스피치를 시작한 그녀는 '생각대로 살지 않으면 사는 대로 생각한다'라는 명언으로 멋지게 마무리한다. 이처럼 스피치는 서론, 본론, 결론의 내용이 일관성이 있어야 한다. 일관성이 있으면 연사가 말하고자 하는 메시지가 명확히 이해되고, 스피치 내용이 오랫동안 기억에 남는다.

생각대로 사는 여자

생각정리스피치

04

오프닝 멘트,
최소 10가지 만들기

스피치 시작의 역할은 주제에 대해 호기심을 유발하고 관심을 집중시키는 것이다. 따라서 연사는 청중을 사로잡을 수 있는 창의적인 아이디어를 생각해야 한다. 창의성은 다양한 관점에서 수많은 아이디어를 떠올려보는 데서 만들어진다. 어떻게 하면 다양하게 생각할 수 있을까? 여기에 '스피치를 시작하는 10가지 방법'을 준비했다. 이것만 제대로 참고한다면 1개의 메시지를 10가지 방식으로 다양하게 표현할 수 있을 것이다.

칭찬

스피치를 시작할 때 청중의 마음을 가장 쉽게 여는 방법은 무엇일

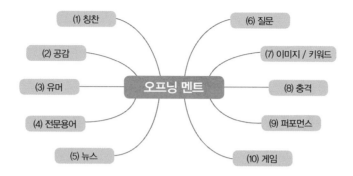

까? 바로 칭찬이다. 칭찬은 청중에게 호감을 살 수 있는 가장 빠른 방법이다. 〈세상을 바꾸는 시간 15분〉 강연회에 오랜만에 나온 김미경 강사의 첫 멘트를 들어보자.

잘 있었어요? 가까이서 물어보고 싶은 게 있어요. 내가 저기 올라가기 전에 솔직하게 '나 보고 싶었어요?' (네!) '아이, 진짜 보고 싶었어요?' (네~) 내가 얼마나 보고 싶었겠어요, 여러분을 정말, 많이 보고 싶었어요. 이게, 공식적으로 TV 나가는 프로그램은 지난 3월 이후로 처음이에요. 그래서 제가 가장, 내가 정말 오랜만에 청중 앞에서 TV 프로그램에서 강의를 한다면 완전히 내 편, 내 사람, 내가 사랑하는 사람들 앞에서 이야기하고 싶잖아요. 그래서, 정말 많이 생각했어요. 그런데 '역시, 세바시겠구나'라는 생각이 들어서 왔습니다. (청중들 호응)
　　　김미경, 〈꿈길에서 절대 빠지면 안 되는 세 가지 샛길〉 중에서

청중들은 그녀의 진심어린 칭찬과 고백에 감동을 받고 큰 호응을

한다. 구체적이고 진심이 담긴 칭찬을 통해 청중과 친해질 수 있고, 호감을 얻을 수 있다. 다음은 필자가 《생각정리스킬》을 강의할 때 사용했던 칭찬 예시를 모아본 것이다.

> 오늘 아침에도 여러분 회사의 제품으로 면도하고 왔어요. (청중 웃음) 역시 면도기는 ○○○가 최고죠! (호감도 상승)

면도기 전문회사에서 강의를 할 때 준비했던 칭찬이다. 막연하게 칭찬하지 않고 그들이 하는 일과 제품의 좋은 점을 구체적으로 칭찬했다. 좋은 칭찬이란 상대의 자존감을 높여주는 칭찬이다.

> 제가 오늘 이곳에서 강의를 한다고 친구한테 말했더니, 이 말 좀 꼭 전해달래요. 친구가 유튜버인데요. 지금까지 사용해 봤던 카메라 중에서 ○○카메라가 최고래요. (호감도 상승) 여러분들 만나서 영광입니다.

국내에 있는 카메라 전문회사에서 강의를 했을 때 학습자 분들에게 사용했던 칭찬이다. 직접적인 칭찬도 좋지만 이렇게 누군가에게 들은 간접칭찬을 전해줄 때 효과는 두 배가 된다.

> "저기 뒤에 앉아 계신 '지적인 안경'을 쓴 남성분"
> "자, 여기 '미소가 예쁜' 노란색 가디건을 입은 여학생"

개인을 지목하는 경우라면 '지적인 안경'을 쓴 남성분, '미소가 예쁜' 여성분과 같이 옷차림이나 특징에 대해 구체적으로 칭찬해 주면 좋다. 칭찬은 고래도 춤추게 한다는 말이 있다. 칭찬은 청중에게 호감을 얻을 수 있는 가장 빠른 방법임을 기억하자.

공감

청중의 눈높이에 맞춰 공감하는 멘트로 시작하는 것도 좋은 방법이다. 〈포프리쇼〉에서 김창옥 교수가 스피치를 어떻게 시작하는지 보자.

> 올해가 하루 남았습니다. 평상시에는 이런 생각을 안 하다가 저희가 뭔가 마무리 할 때는 이런 생각을 하잖아요. 내가 올해 열심히 뭔가 했는데 뭐가 남았나? 이런 생각이 들죠. 나이가 들수록, 젊을 때보다는 그런 생각이 더 많이 드는 것 같아요. 이런 경우도 있어요. 바쁘게 사는데 남는 게 없어요.

공감 멘트는 어떻게 만드는 것일까? 방법은 상대의 마음을 헤아려 보는 것이다. 그들의 고민이 무엇인지, 아픔이 무엇인지, 문제가 무엇인지 그들의 입장을 대변한다는 생각으로 말을 해보자. 한마디로 공감능력의 핵심은 '마음의 소리를 듣고 마음으로 반응하는 것'이다.

> "그래서 화가 났구나!" 나도 화가 나!
> "그래서 슬펐구나!" 나도 슬퍼!

"그런 일이 있어서 불안하구나!" 나도 걱정된다!

공감은 상대방을 비춰주는 거울이 되려고 하는 것이다. 상대방의 입장이 되어 이해하고 마음의 소리를 경청하고 마음을 느낄 수 있을 때 공감되는 메시지를 만들 수 있다. 감정을 좌우하는 일상의 사건들을 찾아보자. 만일 나라면 기분이 어떨지 상상해 보자. 그 안에 고민과 문제가 무엇인지 구체적으로 생각해 본다면 공감 메시지를 만들 수 있다. 한편, 자신의 경험담으로 시작하는 것도 좋은 방법이다. 〈스타특강쇼〉에서 김지윤 소장의 연애담을 들어보자.

제가 9년 동안 한 번도 대쉬를 받지 못했다는 거에 상당한 분들이 쇼크를 받으시는데요. 제가 이렇게 산에서 들에서 혼자 산 게 아니고 남자들이 많은 곳에서 살았어요. 무인도에 산 것도 아니었는데 9년 만에 연애를 시작했어요. 마음이 어땠을까요? 그래서 저희 남편한테 '우리 사귀자' 이 말 듣고 집으로 가는 버스 안이 얼마나 벅차고 감동적이었는지 지금도 생생해요. 그런데 6개월 만에 저희 남편한테 '다시 생각해 보자' 소리를 듣게 되었어요. 9년 만에 올라탄 배가 6개월 만에 난파될 지경에 이르렀는데 어쨌든 우여곡절을 지나고 나서 저희 남편하고 결혼을 하게 되는데요. 그리고 나서 보니까 '연애가 쉬운 게 아니구나' 이 세상에 어려운 게 굉장히 많이 있는데 '연애만큼 어려운 게 또 있을까' 이런 생각을 하게 되었어요.

사람들은 상대방이 '기쁨'보다는 '슬픔'을, '성공'보다는 '실패'를 말할 때 더욱 공감을 한다. 하루에 25조 원을 번 남자, 마윈은 한 강연에서 '인생이 실패였다'라는 주제로 강연을 한다. 성공한 그가 이런 말을 하다니! 성공을 한 사람이 실패를 말하니 역설적으로 공감이 극대화된다.

저는 정말 많이 실패했습니다. 저는 재미있는 실패들을 했었습니다. 중요한 초등학교 시험에 두 번 낙제했었고, 중학교 시험에도 세 번 낙제했죠. 그리고 대학도 삼수를 했죠. 그리고 취업을 준비했었죠. 30번 떨어졌습니다. 경찰에도 지원했죠. 그들은 당신은 아닌 거 같다 하더군요. 심지어 KFC 치킨집도 가봤습니다. 막 제가 살고 있는 동네에 들어올 무렵이었죠. (청중 웃음) 24명이 입사지원을 했죠. 23명이 합격했습니다. 나머지 1명이 바로 저였습니다. 경찰에 지원했을 땐 5명 중에 4명이 붙었죠. 역시 저는 나머지 1명이었습니다. 그래서 저에게 거절당하는 일은 일상이었죠. 아, 그런데요! 제가 하버드에도 지원했다고 했죠. 10번 다 거절당했습니다. 이 실패에 익숙해져야 합니다. 우린 그렇게 잘나지 않았거든요. 지금 이 순간에도, 수없이 많은 거절을 받고 있습니다.

유머 (김창옥, 김제동 유머 스타일 분석)

유머는 호감을 줄 뿐만 아니라 주의를 집중시키고, 긴장감을 완화시키는 역할을 한다. 스피치를 시작할 때 유머러스한 모습을 보이면 연사에 대한 호감도가 높아지고 기대감이 생긴다. 주의해야 할 것은 어설픈 유머는 삼가야 한다. 자칫 잘못하면 연사가 가벼워 보이고 공신력이 떨어질 수도 있기 때문이다. 도대체 유머는 어떻게 하는 것일까? 스타강사에게 직접 배워보자. 〈세상을 바꾸는 시간 15분〉 무대에 한 강연자가 등장한다. 청중들은 기다렸다는 듯 큰 호응으로 그를 맞이한다.

네. 반갑습니다. 솔직히 여러분 사실 제가 교수 같은 느낌은 아니죠. 저도 알고 있습니다. 그래서 어떤 지역에 가서 제가 어디 가면 분위기가 가장 잘 어울릴 것 같냐고 그랬더니 미장원에 가면 잘 어울릴 것 같다…. (청중 웃음) 여러분 오늘 뭐 비도 오는데 '강의다' 생각하지 마시고 머리하러 왔다 생각하세요. (청중 웃음) 졸리면 살짝 주무십시오. (청중 웃음)

예상치 못했던 첫 멘트에 청중들은 배꼽을 잡고 웃는다. 그렇게 시작된 강의는 웃다가 울다가 감동적으로 마무리된다. 소통전문가로 알려진 김창옥 교수다. 소통의 중요성을 깨닫게 된 계기는 아버지 때문이다. "아버지가 청각장애가 있으셔서 아버지와 거의 말을 해본 적이 없다"며 "불통을 오랫동안 경험하다 보니 소통된다는 것에 대해 생각하게 됐던 것 같다"는 말은 인터뷰와 강연을 통해 그가 자주 하는 말이다. 그는 시종일관 예측할 수 없는 유머 멘트로 웃음보를 터뜨린다. 그는 유머의 개념을 이렇게 설명한다.

유머(Humor)라는 말이 휴먼(Human)에서 왔다고 해요. 흐르다, 반전이라는 뜻을 가지고 있대요. 힘들 때 필요한 게 유머인 거죠. 정말 힘들고 '이게 끝이다' 싶을 때 삶을 반전할 필요가 있잖아요. 그때 유머가 필요하거든요.

김창옥, 〈채널예스〉 인터뷰 중에서

그가 정의한 유머의 개념처럼 그의 스피치는 반전의 연속이다. 젠틀맨처럼 무게 있게 말하다 갑자기 우스꽝스럽게 망가지는가 하면, 진지한 이야기를 하던 중 갑자기 유머를 던진다. 한 번만 반전하는 게 아니라 다음과 같이 연속으로 반전을 만들어 그야말로 빵빵 터뜨린다.

(우울증을 겪고 있던) 그 즈음에 기적처럼 성당에서 전화가 왔습니다. 여보세요. 성당인데 신부님들 70~80분 정도 특강을 해달라는 겁니다. 그래서 제가 '저 죄송합니다. 제가 종교적인 내용은 강의를 못합니다. 그리고 성당을 안다녀서 분위기를 모릅니다' 그랬더니 '강사님 아침마당 봤는데요. 아줌마들한테 한 거 똑같이 해주세요. 신부님들도 좋아하실 거예요.' (청중 웃음) 순간, 저는 신부님한테 '우울증 상담을 받을까'라는 생각이 들었습니다. 신부님은 왠지 제 얘기를 남에게 안하실 것 같은 거예요. 저녁에 혼자 주무시잖아요. 신부님이니까요. (청중 웃음) 목사님한테는 하기 싫더라구요. 사모님하고 얘기를 나눌 것 같았거든요. (박장대소)

'유머' 하면 방송인 김제동도 빠지지 않는다. 그의 화려한 재치와 입담이 담긴 '어록집'이 있을 정도다. 대중을 사로잡는 그의 유머에는 어떤 비밀이 숨겨져 있을까?

1) 편안하게 말한다

김제동은 오버하지 않고 편안하게 속삭이듯 이야기한다. 그의 말을 듣다 보면 친구랑 '전화하는 듯한 기분'이 드는데 이것이 그의 스피치의 특징이다. 전화로 말할 때는 어떤 특징이 있는가? 일단 속삭이듯 말한다. 그리고 상대방의 반응을 들으면서 이야기를 진행한다. 그러다 보니 그의 멘트는 문장이 짧다. 김제동처럼 소통하는 형식으로 스피치를 하고 싶다면 전화한다는 생각으로 스피치 대본을 연습해 보자. "여보세요?"라고 말하고 상대방의 반응을 듣고 속삭이듯 말하는 '통화하는 방식의 스피치' 연습을 해보자.

남자들은 한없이 단순해요. (청중의 반응 살피고) 얼마나 단순하면 둥근 축구공 하나를 던져주면 22명이 뛰어 다니면서 놀겠습니까. (청중 웃음) 아무것도 없는데. (청중 웃음) 공 하나 던져줬는데. (청중 웃음) 우~ 갔다가 우~ 갔다가 그물 안에 공 하나 넣어보겠다고. 넣으면 중간에 갖다 놓고 다시 시작합니다. (청중 웃음) 이렇게 단순해요. (청중 웃음) 둥근 것만 보면 환장하고, 아무 신경을 못 쓰고, 그걸 또 44만 명이 지켜봅니다. (박장대소) 공 가지고 22명이 노는 걸 우와~ (청중 웃음) 지 인생하고 아무 상관이 없는데 (청중 웃음) 아주 단순해 가지고 동그란 거만 보면 환장하도록 설계가 되어서 태어났어요.

김제동, 〈현대자동차지부 노동자방송〉 강연 중에서

2) 비유를 사용한다

김제동은 직접적으로 말하는 것보다는 간접적으로 돌려서 말하거나 비유를 해서 말하는 것을 좋아한다. 비유를 하면 이해도 쉽고, 공감도 잘된다는 장점이 있다. 비유는 어떤 현상이나 사물을 직접 설명하지 않고 다른 비슷한 현상이나 사물에 빗대어 설명하는 방식이다. 그가 술에 대해 어떻게 말하는지 살펴보자. 빗대어 표현하면 대상을 보다 친근하고 익숙하게 인식할 수 있다. 비유를 잘하고 싶다면 평소에 사물의 특성을 관찰하고 사물에 빗대어 표현하는 훈련을 많이 해보자. 시집을 읽는 것도 도움이 된다.

> 술에 대해서는 제가 가지고 있는 철학이 있습니다. 술은요. 세계 5대 성인 반열에 올라야 한다 생각합니다. (청중 웃음) 예수, 석가, 마호메트, 공자, 술. (청중 웃음) 술, 주님 아닙니까? (박장대소) 술은 신이 갖춰야 할 모든 요소를 갖고 있습니다. 첫째, 어디에나 계십니다. (청중 웃음) 그것도 각기 다른 모습으로. (박장대소) 인간이 눈치 채지 못하게 그곳에 늘 현신해 계십니다. 둘째, 때를 기다리십니다. 내가 문을 열어주지 않으면 절대로 빛을 볼 수 없는 냉장고 안에서 오로지 가만히 온몸에 땀을 흘리며 수행하며 때를 기다리고 있습니다. (청중 웃음)
>
> 김제동, 〈아홉시반 주립대학〉 강연 중에서

3) 풍자를 한다

풍자는 비판적인 웃음이다. 풍자는 주어진 사실을 곧이곧대로 드러내지 않고 과장하거나 왜곡, 비꼬아서 표현하여 우스꽝스럽게 나타

내고 웃음을 유발하는 것을 말한다. 그의 스승이었던 방우정 강사의 말에 의하면 그는 젊은 시절부터 신문을 스크랩하는 등 사회 문제에 관심이 많았다고 한다. 권력자, 잘못한 정치인에 대해서는 거침없는 발언을 하는데 풍자를 해서 통쾌한 웃음을 유발한다. 정치인들을 비판하는 풍자 개그 멘트를 살펴보자.

높은 사람들이 되면 될수록 자기 손으로 할 수 있는 일이 줄어듭니다. 일단 자기 손으로 자기 차 문을 못 엽니다. (청중 웃음) 안타깝죠? 그리고 TV 토론회 봤습니까? 아직도 자기 의자를 못 뺍니다. (청중 웃음) 제가 마흔이 넘어서 가지고 싶은 직업 두 가지가 있습니다. 하나는 의자를 빼주는 직업. (청중 웃음) 하나는 문을 열어주는 직업입니다. (청중 웃음) 그래서 의자를 끝까지 빼보는 것 (청중 박장대소) 반드시 그 의자를 끝까지 뺄 것입니다. (청중 웃음) 그 다음, 문을 안 열어주고 기다리는 것 (박장대소) 계속 안 열어주는 거 (청중 웃음) 어떻게 될지 너무 궁금합니다. (박장대소)

김제동, 〈2017 청춘콘서트〉 강연 중에서

전문용어

스피치를 할 때 주제와 관련된 전문용어를 말하면 전문가의 인상을 심어줘 연사에 대한 신뢰도를 높일 수 있다. 〈세상을 바꾸는 시간 15분〉에서 폴앤마크의 최재웅 강사의 사례를 보자.

사랑의 다섯 가지 언어에 제가 얘기할 건 인정하는 말에 대한 이야기입니다. 게리 채프먼 박사는 《5가지 사랑의 언어》라는 책에서 인정하는 말을 이렇게 정의합니다. 인정하는 말이란 상대방의 인격과 능력, 신뢰함을 표현하는 도구이다. 질문 하나 드리고 시작하겠습니다. 언제 가장 인정받으셨던 것 같으세요?

스피치의 주제가 청중들에게 생소한 단어일 경우 스피치 앞부분에 그 단어에 대해 풀어서 설명을 해야 한다. KAIST 바이오 및 뇌공학과 정재승 교수의 사례.

오늘 제가 소개해 드릴 내용은 신경건축학(NeuroArchitecture)이라는 단어를 소개해 드리려고 합니다. 제가 여기에 관심을 갖게 된 것은 10년쯤 되었는데요. 뇌 활동을 모니터링하는 곳에 처음으로 갔습니다. (내용 중략) 이런 건축물들, 도시의 공간이 그 안에서 생활하는 사람의 인지, 사고, 행동에 어떤 영향을 미치는가? 그것을 바탕으로 공간을 디자인하고 도시를 계획하고 건축물을 설계하는 것이 옳다고 생각하고 설계하는 것입니다. (내용 중략) 신경과학자들이 건축가들과 함께 이 분야를 연구하게 된 것입니다.

정재승, 〈뇌과학, 공간이 뇌에 미치는 영향을 측정하다〉 강연 중에서

생각정리스피치

뉴스

주제와 관련된 뉴스나 이슈거리를 갖고 스피치를 시작하는 방법도
있다. tvN의 프로그램 〈여러가지문제연구소〉에서 문화심리학자 김
정운 교수는 당시 이슈였던 '아침형 인간' 열풍과 쏠림현상을 주제로
이야기를 시작한다.

> 얼마 전에 말이에요. (사실) 《아침형 인간》이라는 책이 불티나게 팔
> 렸습니다. 50만부 60만부 나갔어요. 제 책이 비슷하게 나왔는데. 제 책
> 은 〈노는 만큼 성공한다〉에요. 1만부 나갔어요. (관점) 내용을 들여다
> 보면 내 책이 훨씬 좋은 책이에요. (청중 웃음) 〈아침형 인간〉이 일본에
> 서는 5~6만부밖에 안 팔린 책이라구요. 그런데 우리나라에 갑자기 아
> 침형 인간 돌풍이 일어난 거예요. 새벽부터 일어나면 성공한다 이거예
> 요. 봐요. 생각해 보세요. 다들 새벽부터 일어나면 다 성공할 수 있어
> 요? 아침에 산에 약수터 올라가면 다 성공한 사람이게요? 왜 사람들
> 이 《아침형 인간》에 열광했을까요? 성공을 하고 싶단 말이에요. 사람
> 들이 아침에 일어나면 성공한다고 하니까 그 책을 읽으면 성공하는 거
> 처럼 다 읽은 거예요. 이것이 우리나라에 나타나는 아주 독특한 쏠림
> 현상입니다.

뉴스에 대해 단순히 사실을 전하는 것이 아니라 그것에 대한 본인
의 느낌이나 생각, 관점을 덧붙여 말할 때 효과가 있다. 뉴스나 이슈
거리가 있을 때 사실과 느낌을 분류하여 정리하는 습관을 만들자.

질문

김미경 강사는 〈세상을 바꾸는 시간 15분〉에서 '스마트한 연애를 위한 남녀탐구생활'이라는 주제로 편안하게 질문을 던지며 스피치를 시작한다. 잡담하듯 편안하게 청중과 대화를 나누며 스피치를 시작한다. 이처럼 주제에 대한 질문을 던지면 청중과 소통할 수 있다.

아이고 ~ 잘 지냈어요? 여기 다 지금 각자 온 거예요? 다 싱글이에요? (네~) 근데 싱글이면 안 되는 사람들이 다 싱글이네 아직도. 그러니까 언뜻 보기에 상태가 다 좋아보여서 하는 얘기에요 지금. (청중 웃음) 오늘 여러분과 나눌 얘기는요. 남녀 심리에 대해서 좀 얘기를 해보려고 해요. 저는 원래 그 연애를 엄청나게 잘하고. 얼굴 봐요, 내가 연애 잘하게 생겼어요? (네~) 진짜? 어우 고맙습니다. (청중 웃음) 연애를 잘한다기보다도 제가 이런 거에 대해서 고민을 많이 해보았어요.

〈세상을 바꾸는 시간 15분〉에서 김영하 작가는 글쓰기에 대한 질문을 던지며 시작한다. 질문은 순식간에 스피치에 몰입하게 만든다.

우리는 왜 아직도 글을 쓰고 있을까요? 이제 그만 써도 되잖아요. 수천 년간 인간은 글을 써왔습니다. 그러니까 지금쯤이면 글을 안 쓰고 살아도 될 거 같잖아요. 21세기가 된지도 이제 10년이 지났구요. 우리나라는 IT 강국에 수많은 사람들이 얼마나 재미난 것들이 많아요. 우리의 주의를 끄는 수많은 게임과 이런 와중에도 여전히 사람들이,

꽤 많은 사람이 글을 쓰고 있습니다.

《나는 왜 이 일을 하는가》의 저자 사이먼 사이넥(Simon Sinek)이
〈TED〉에 나와 스피치를 시작한다. 약 2분 동안 끊임없이 질문을 던
지며 청중들을 궁금하게 만든다. 충분히 질문을 한 후 청중들이 몰입
되자 드디어 자신이 발견한 획기적인 아이디어를 전한다. 주제와 관
련된 질문을 던지고 그에 대한 솔루션을 말하는 것도 좋은 방법이다.

　우리가 가정한 대로 일이 되지 않을 때 어떻게 설명할 수 있을까
요? 모든 가정에 위배돼 보이는 것들을 다른 이들이 성취할 때 말이
죠. 예를 들어 왜 애플사는 창조적인 것일까요? 한 해가 지나고, 지나
고, 지나고 그들은 모든 경쟁사들보다 훨씬 더 혁신적입니다. 그들이
아직까지는, 그저 컴퓨터 회사일 뿐이지만요. 그런데 그들은 왜 다른
결과를 가지고 오는 것일까요? 왜 마틴 루터 킹 목사는 인권운동을 이
끌었던 것일까요? 그가 인권운동 이전에 고통 받았던 유일한 사람은
아니었습니다. 그리고 오직 그만이 그 시대의 훌륭한 연설가도 아니
었습니다. 왜 그였을까요? 그리고 왜 라이트 형제는 동력 조절, 유인
비행을 발명해 낼 수 있었을까요? 분명히 보다 충분한 자격을 갖추고,
자금이 풍부한 다른 팀들도 있었는데 말이죠. 하지만 그들은 유인비
행을 이루지 못했고, 라이트 형제는 승리했죠. 여기 다른 이야기가 있
습니다.
　저는 약 3년 반 전에 이것을 발견했습니다. 그리고 이 발견은 세상
이 어떻게 돌아가는지에 관한 저의 시각을 크게 바꿔 놓았습니다. 그

리고 심지어 제가 세상을 살아가는 방식까지 변화시켰습니다. 패턴이 있다는 것이 밝혀진 것이죠. 세계 모든 훌륭하고 영감을 주는 리더와 단체들에게는 말이죠. 애플이 됐건, 마틴 루터 킹이 됐건, 혹은 라이트 형제가 됐건. 그들은 모두 같은 방식으로 생각하고, 행동하며, 소통합니다. 그리고 이 방법은 분명히 다른 모든 사람들과 완전히 반대였죠. 저는 이것을 체계적으로 정리한 것이 다입니다. 아마도 그것은 세계에서 가장 단순한 아이디어일 것입니다. 저는 이것을 골든 서클이라 부릅니다.

이미지 / 키워드

〈손석희의 앵커브리핑〉은 주제와 관련된 이미지 또는 키워드로 스피치가 시작된다. 이미지를 사용하면 청중들을 상상하게 할 수 있고 주제에 몰입하게 만든다. 유의해야 할 점은 이미지를 너무 많이 사용하면 시선이 분산되어 산만해질 수 있다. 가급적이면 한 페이지에 하나의 이미지 또는 핵심 키워드를 사용하도록 하자.

(라면 이미지를 보여주며) 뉴스룸 앵커브리핑을 시작합니다. 라면을 처음으로 먹었던 날을 기억합니다. 1963년 9월. 53년 전이군요. 당시의 우리에게 첫선을 보였던 라면 값은 10원. 짜장면 값이 30원일 때였습니다. 다른 모든 음식을 처음 대했던 날은 기억에 별로 없지만 라면만큼은 왜 이리 선명히 기억에 남았는지….

생각정리스피치

충격

충격기법은 주제에 대해 짧은 시간에 몰입을 시키는 강력한 무기다. 〈플라톤아카데미TV〉에서 김대식 교수는 충격적인 이야기로 스피치를 시작한다.

아름다운 인생, 아름다운 죽음을 이야기하기 전에 도대체 뇌라는 것은 무엇이고 뇌는 현실을 어떻게 받아들이고 어떤 식으로 인생을 생각하는지에 대해서 배워야 하지 않을까 해서 제가 몇 가지 소개해 드리겠습니다. 뇌 과학에서 아주 유명한 케이스 같은 경우에는 (사진을 보여주며) 피니아스 게이지라는 사람인데요. 이분은 19세기 초에 미국에서 철도노선 공사장에서 일하셨던 분으로 알려져 있습니다. 어느날 갑자기 공사장에서 다이나마이트가 잘못 폭발해서 이분이 들고 계시는 쇠파이프가 이분의 뇌를 뚫고 들어간 그런 사고가 한 번 있었습니다. 다행히도 병원에 입원해서 몇 주 몇 달 동안 치료를 받아 몸은 완쾌해서 퇴원했는데, 재미있는 일이 벌어졌습니다. 이분이 퇴원하고 나서 성격이 180도 바뀌기 시작했습니다. 갑자기 술을 드시기 시작하고 일도 안하려고 하고 노숙자 같은 생활을 하게 돼서 친구들이 '우리가 알던 그 옛날의 친구가 아니다'라고 말할 정도였습니다. 도대체 어떤 일이 벌어졌길래 사고 한 번에 성격이 바뀌었을까? 살펴보니 쇠 철봉이 뚫고 지나간 것은 피니아스 뇌의 전두엽이었습니다.

충격을 받는 이야기로 시작을 했는데 그것으로 스피치가 끝이 난다면 찝찝할 것이다. 스피치 도입부에 충격적인 발언을 했다면 본론에서 해결책을 알려주는 것도 좋은 방법이다.

아무리 책을 많이 읽어도 내용이 기억에 남지 않는 이유가 뭔지 아십니까? 그동안 책을 잘못된 방식으로 읽었기 때문입니다. '뇌'가 좋아하는 방식이 아니라 '내'가 좋아하는 방식으로 책을 읽었기 때문입니다. 우리는 책을 어떤 방식으로 읽죠? (중략) 자, 지금부터는 '뇌'가 좋아하는 방식이 무엇인지 살펴보겠습니다.

　　　　　　　　　　　　　　　　　　　복주환, 〈독서정리스킬〉 중에서

퍼포먼스

스피치의 시작은 정답이 없다. 청중의 호기심을 유발하고, 주제에 집중하게 할 수 있다면 창의적이고 재미있는 퍼포먼스도 좋은 기법이 된다. 마술사 최현우는 스피치를 할 때 마술을 선보이고, 옥동자로 알려져 있는 개그맨 정종철은 자신의 주특기인 비트박스를 하며 스피치를 시작한다. 성악을 전공한 김창옥 교수는 〈아침마당〉에서 노래 한 곡을 부르며 스피치를 시작한다.

전 원래 학교 다닐 때 성악을 공부했었습니다. 제가 노래 한 곡 하고 강의를 시작해도 되겠습니까? (네~) '여자의 마음'이라는 오페라 아리아가 있는데 오늘 여성들이 많으시니까 중간에 조금만 한 번 해보겠습니다. (노래 부른 후) 여러분 혹시 오페라는 무슨 예술이죠? 역시 정답이 나오네요! 행위예술입니다. 오늘 오신 모든 분들, 시청자분들 모두 종합예술인이라고 생각합니다.

삽자루라는 예명으로 널리 알려진 인기 수학강사 우형철 대표가 있다. 그는 어버이날, 즐거운 수업시간을 위해 엄마처럼 분장을 하고 등장했다. 이러한 퍼포먼스 덕분에 어렵다고 느끼는 수학도 학생들은 재미있게 받아들이고 수업에 집중했다. 스피치를 할 때 이렇게까지 우스꽝스럽게 분장을 할 필요는 없지만 주제와 관련된 도구나 재료 등을 활용한다면 이목을 집중시키는 데 도움이 된다.

한국청소년활동진흥원에 근무하는 이지현 씨는 청소년들에게 엄홍길 산악인에 대해 스피치를 할 기회가 있었다. 어떻게 하면 실감나게 그를 설명할 수 있을까 생각하던 중 좋은 아이디어가 떠올랐다. 등산복을 입고 가서 스피치를 해보기로 한 것이다. 그녀가 용기를 내서 퍼포먼스를 한 덕분에 청소년들은 지루할 틈 없이 재미있게 스피치를 들을 수 있었다. 이처럼 스피치를 할 때 아이디어를 말로 전달하는 것도 좋지만 퍼포먼스를 활용해 행동으로 보여준다면 청중들은 신선한 경험을 할 수 있다.

어느 이미지 메이킹 강사는 의복의 중요성에 대해 어떻게 하면 임팩트 있게 전달할 수 있을까 고민하던 중 한 가지 아이디어가 떠올랐다. 본인이 두 가지 스타일의 의상을 입고 등장해 보는 방법이었다. 하나는 누추한 옷차림이었고, 하나는 말끔한 옷차림이었다. 청중들은 과연 어떤 반응을 보일까? 강의가 시작되었다. 누추한 옷차림을 하고 그는 무대 위에 올라 말했다. "이런 옷을 입고 있는 저의 이미지는 어때 보입니까?" 청중들은 "형편없다. 자신감이 없어 보인다. 신뢰도가 떨어진다" 등의 부정적인 의견을 솔직하게 이야기했다. 그리고 나서 잠시 무대 뒤로 가서 말끔한 차림의 옷으로 갈아입고 나왔다. 누가 봐도 그의 모습은 신사 같았다. "여러분, 지금 저는 어떤 이미지입니까?" 청중들은 "멋있다. 신뢰가 생긴다. 전문가 같다"와 같은 긍정적인 의견을 말해줬다. 그때 강사는 말했다. "맞습니다. 말끔한 옷차림은 여러분들이 말씀하신 의견과 같이 호감을 높이는 중요한 역할을 합니다."

게임

스피치를 흥미롭게 시작하고 싶다면 게임기법을 사용해 보자. 게임은 청중을 스피치에 참여하게 할 수 있다는 장점이 있다. 게임을 할 때는 미리 선물을 준비하는 것이 좋다. 이때 스피치의 주제와 관련된 선물을 준비한다면 센스 있는 연사로 기억될 것이다. 정답을 말하거나 게임에서 이기는 사람에게 선물을 주면 호감을 얻을 수 있다. 오프라인 강연 SHOW 〈매카 꽃이 피었습니다〉에서 최태성 선생님은 퀴즈를 내며 강연을 시작한다. 퀴즈는 쉬운 문제부터 서서히 어려운 문제로 이어진다. 의도적으로 어려운 문제를 던지고 정답이 무엇인지 궁금하도록 하여 몰입을 시킨다.

EBS에서 한국사를 가르치고 있는 최태성입니다. 반갑습니다. 강연의 주제는 '한 번의 젊음, 어떻게 살 것인가?'인데요. 일단 여기 앉아 계시는 분들의 실력을 테스트하고 시작하겠습니다. 잠깐 한국사에 관련된 몇 가지 단어를 질문드리면 연상된 인물을 확확 말씀해 주시면 됩니다. 어렵지 않습니다. (청중 한 명을 선택하고) 선택되셨습니다. 단어에 관련해서 떠오르는 인물을 말씀해 주세요. "한글" "세종대왕" 잘하셨습니다. 다 맞히시면 선물 드릴게요. "명량" "이순신" 잘하셨습니다. 한 문제만 더 맞히면 되요. "대동법" "김정호?" "누구요?" "대동법, 김정호? 김정호는 대동여지도죠. (추가로 2명에게 퀴즈, 모두 오답) 대동법은 광해군입니다. 관련된 영화 시청해 보시죠!

하나의 메시지를 열 개로 만들어 보자

지금까지 스피치를 시작하는 10가지 기법을 살펴봤다. 물론 이것들이 정답은 아니다. 이외에도 창의적으로 시작할 수 있는 여러 가지 방법이 존재한다. 여기에 얽매이지 말고 당신이 좋아하는 연사, 전문가의 스피치 영상을 검색해 보자. 그리고 그들은 어떻게 스피치를 시작하는지 분석을 하다 보면 여기 제시한 10가지 방법 말고도 새로운 패턴을 발견하게 될 것이다. 당신만의 11번째 스피치 패턴을 만들어 보자!

하나의 메시지를 열 개로 만들어 보기

오프닝 기술	주제 : 《생각정리스킬》 시작을 어떻게 할까?
1) 칭찬	이렇게 입장하자마자 호응을 크게 받아보긴 처음이네요. 아침마당인 줄 알겠어요. (청중 웃음) 감사합니다. 오늘 확실히 생각정리가 되게끔 도와드릴게요!
2) 공감	회사 생활을 하면서 가장 많이 듣는 말 중 하나가 정리가 아닌가 싶어요. 기획서 정리, 보고서 정리, 회의 내용 정리! 그런데 생각정리, 쉽지 않죠? (청중 공감)
3) 유머	옆 사람과 마주 보세요. 생각이 많아 보여요? 아니면, 없어 보여요? (청중 웃음)
4) 전문용어	프랑스 심리치료사 크리스텔 프티콜랭은 지나치게 생각이 많은 사람을 정신적과잉증후군이라고 칭하며, 정리의 필요성을 강조했어요.
5) 뉴스	정보가 넘쳐나는 시대죠. 오늘 뉴스에서 요즘 트렌드 용어로 '결정장애, 햄릿증후군'에 대해 말하더군요. 생각과 정보가 많아서 생기는 병이죠.
6) 질문	10년 동안 실천해야 하는 방법이 있습니다. 지금 즉시, 생각을 정리할 수 있는 방법도 있습니다. 둘 중 어떤 방법을 선택하시겠습니까?
7) 이미지/키워드	앞에 있는 그림 보시죠. 보시는 바와 같이 뇌입니다. 생각을 정리할 때 쓰는 두뇌는 바로 이곳입니다.
8) 충격	4차 산업혁명, 인공지능의 시대가 도래했습니다. 직업이 사라집니다. 미래는 변화합니다. 이제 우리는 무엇을 배워야 할까요?
9) 퍼포먼스	지금부터 문자로 '언제 머릿속이 가장 복잡한지' 정리해서 보내주세요! 추첨을 통해 선물 드립니다!
10) 게임	자, 지금부터 '하노이탑'이라는 게임으로 여러분들의 생각정리 능력을 테스트해 보겠습니다.
11) 기타	또 어떤 방법이 있을까?

생각정리스피치

[연습] 하나의 메시지를 열 개로 만들어 보기

오프닝 기술	주제 :
1) 칭찬	
2) 공감	
3) 유머	
4) 전문용어	
5) 뉴스	
6) 질문	
7) 이미지	
8) 충격	
9) 퍼포먼스	
10) 게임	
11) 기타	

05

결론부터
정리하는 습관

결론이 먼저다!

스피치는 기본적으로 '서론, 본론, 결론'의 형식으로 구성된다. 그럼, 스피치 대본을 만들 때 서론, 본론, 결론 중 무엇부터 만들어야 할까? 간혹 스피치의 내용은 부실한데 서론에 지나치게 신경을 많이 쓰는 사람들이 있다. 어떻게 하면 독특하고 재미있게 시작할 수 있을까 고민하며 꽤 오랜 시간을 서론에 투자한다. 물론 화려하고 멋지게 시작하면 청중의 주의를 집중시킬 수 있지만 멋지게 시작했는데 본론 내용이 부실하고 결론이 분명치 않다면 어떨까? 기대가 큰 만큼 실망도 큰 법이다. 서론만 장황하게 준비한 스피치는 실패로 돌아갈 확률이 높다.

스피치 대본을 작성할 때는 '결론과 본론'부터 정리해야 한다. 결론에는 주제, 주장, 의도가 담겨 있다. 정말로 하고 싶은 말인 '결론'이 확실해야 설득논리인 '본론'을 만들 수 있다. 본론에서는 상대를 설득할 수 있고 공감시킬 수 있는 생각논리를 만들어야 한다. 기억하자. '결론과 본론'이 먼저 정리되고 나서 '서론'을 준비해야 한다. 주제가 명확해야 그에 맞는 시작도 할 수 있는 것이다.

내가 하고 싶었던 한마디

"너는 무슨 말을 하는 사람이 되고 싶은데?"

친구가 물었다. 자신 있게 답하고 싶었지만 말할 수가 없었다. 그동안 고민해 본 적이 없었던 주제였기 때문이다. 생각해 보니 나는 말을 잘하고 싶은 사람이 되고 싶었지만 정작 무슨 말을 하고 싶은지 생각해 본 적이 없었다. 사람들에게 무슨 말을 하고 싶은가? 내가 말하고 싶은 건 한마디로 무엇인가?

20대 초반 레크리에이션 강사활동을 막 시작했을 때 나는 다양한 무대에 올라 행사를 진행했다. 하지만 어딘가 모를 허전함과 아쉬움을 항상 느꼈는데 어쩌면 내 인생의 한마디를 찾지 못했기 때문이 아닌가 하는 생각이 들었다. 이후 한 달 동안, 내가 하고 있던 레크리에이션의 개념부터 다시 생각해 보았다. 레크리에이션(recreation)이란 '재창조, 새롭게 하다, 회복하다'라는 뜻이었다. 여기서 본질은 무엇일까? 한참을 사색하던 중 '신'이라는 단어가 불쑥 마음속에 들어왔다. 그래! 세 가지 '신'에 대해 말해 보면 어떨까? 노트를 펼쳐 아이디어를 기록했다.

새로울 신 新 – 몸과 마음을 새롭게 하는 말을 하자!
펼친 신 伸 – 사람들의 꿈을 펼쳐 주는 신을 말하자!
시詩 인人 – 시처럼 아름다운 말을 하자!

처음에는 추상적이었지만 하고 싶은 말을 고민하는 과정에서 내가 원하는 인생의 가치를 발견할 수 있었다. 내가 원하는 건 단순히 말만 잘하는 사람이 되는 게 아니었다. 나는 말 그대로 신(新), '무언가를 새롭게 하는 레크리에이션'을 하는 사람이 되고 싶었다. 그렇다면 무엇을 새롭게 할 것인가? 당시 나는 머릿속이 복잡하고 정리되지 않은 상태였는데 만약 스스로 생각정리하는 방법을 터득하게 되면 내 인생이 새롭게 변화될 것 같았다.

"그래! 생각을 새롭게 하는 레크리에이션을 하는 거야!"

나처럼 생각정리가 되지 않아 고민하는 사람들이 분명 존재할 것이며 의외로 많을 것이라는 확신이 들었다. 나는 내 문제를 해결하기 위해 생각정리를 치열하게 공부했다. 그 과정에서 방법과 원리를 발견했다. 이것을 콘텐츠로 만들어 사람들에게 공유하면 어떨까? 생각을 새롭게 해주는 레크리에이션을 해보는 것이다. 사람들은 생각하는 거 자체를 싫어하고 정리하는 게 어렵다고 알고 있는데 게임 형식을 도입해 재미있게 생각을 정리하는 방법을 전해보면 어떨까? 생각 정리를 하는 레크리에이션을 해보는 것이다. 그 당시에는 생각정리가 생소했던 분야였다. 생각정리를 할 수 있는 방법이 있다는 사람들이 많지 않던 시기였다. 이런 콘텐츠를 갖고 전파하는 강사가 될 거라고 말하자 주변 사람들은 걱정하며 이런 말을 했다.

"가능할까요? 시장조사는 했나요? 통계자료가 있나요?"

사람들은 하나같이 걱정했다. 할 수 있으면 해보라는 식이었다. 하지만 나는 해야 할 말이 분명했기 때문에 포기하지 않았다. 메시지를 계속해서 전달했다. 내가 깨달은 말은 상대도 깨달을 수 있었다. 내가 감동한 말은 상대도 감동했다.

"수치적으로는 알 수 없지만,
보이지 않는 생각이 정리되지 않아 고민하는 사람이
우리 주변에 많이 있습니다.
저는 그 문제점을 해결하는 사람이 되고 싶습니다."

나의 가장 소중한 가족과 친구들에게 내가 깨달은 방법을 전하기 시작했다. 기업에서 불러주지 않으면 스스로 모집을 해서라도 강연을 계속해 나갔다. 내 확신은 틀리지 않았다. 사람들이 드디어 〈생각정리스킬〉을 알아보기 시작했다. 유수의 기업과 대학 등에서 강연 요청이 쏟아졌다. 나를 찾아준 교육 담당자들은 하나같이 내게 말했다.

"명쾌하게 생각하고 정리하고 말하는 방법!
〈생각정리스킬〉은 우리 회사에 꼭 필요한 능력입니다!"

나는 '한마디'를 찾았고, 그 '한마디'로 사람들이 찾아왔다. 오랜 고민 끝에 '한마디'를 찾으니 열 가지의 길이 열렸다. 생각정리스킬로 출발했지만 앞으로 생각정리스피치, 생각정리기획력, 독서정리스킬, 기획정리스킬, 목표달성스킬 등 낮은 자세로 사람들의 생각정리를 돕는 것이 나의 비전이다.

말 속에 담긴 콘텐츠

누구나 사람들 앞에서 자신의 이야기를 할 수 있는 시대다. 〈세상을 바꾸는 시간 15분〉 〈TED〉와 같이 대형 무대에서 말을 할 수도 있고, 동창회나 회사 회식자리에서 친구들과 동료들에게 자신의 비전에 대해 말할 수도 있다. 당신은 앞으로 다양한 상황에서 여러 가지 주제로 스피치를 하게 될 것이다. 그때그때 상황에 맞게 주제에 맞춰 스피치를 하겠지만, 인생을 살아가면서 진짜로 하고 싶은 말 한마디를 찾아야 한다. 그것이 곧 삶의 목적이자 방향성이요, 행동과 말이 되기 때문이다.

연극에는 초목표(super objective)라는 개념이 있다. 극을 관통하는 하나의 목표다. 배우들이 대본을 받고 가장 먼저 하는 일은 극중 역할의 '초목표'가 무엇인지 고민하는 것이다. 초목표를 찾아야 말과 행동과 표현이 결정되기 때문이다. 인생도 스피치도 마찬가지가 아닐까? 성공적인 결과를 위해 '초목표'를 찾아야 한다. 당신에게 묻고 싶다.

"당신은 진짜로 무슨 말을 하고 싶은가?"

"내가 진짜로 하고 싶은 한마디는,

이다."

06

상대의 마음을
확실하게 사로잡는 엔딩 기술

스피치를 감동적으로 마무리하는 3가지 방법

스피치의 결론은 서론 못지않게 중요하다. 본론의 내용이 아무리 좋았어도 마무리가 허술하면 좋은 인상을 남기지 못하기 때문이다. 결론에서는 내용을 요약해 기억에 남게 하고, 여운을 남기고, 생각을 실천에 옮길 수 있도록 해야 한다. 스피치를 마무리하는 세 가지 방법을 살펴보자.

1) 내용을 요약하라

스피치 내용을 청중이 모두 기억할 수 있을 거라 생각한다면 그것은 착각이다. 16년간 기억을 연구했던 독일의 심리학자 헤르만 에빙하우스의 실험 결과에 따르면 학습 후 10분쯤부터 망각이 시작되

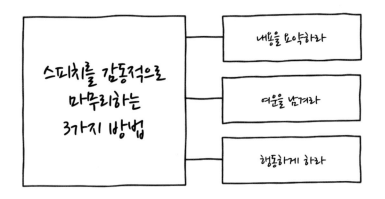

며, 1시간 뒤에는 50%, 하루 뒤에는 70%, 한 달 뒤에는 80%를 망각하게 된다고 한다. 기억력을 높일 수 있는 방법은 반복학습이다.

청중이 당신의 스피치를 기억하게 만들고 싶다면 요점을 정리해 줘야 한다. 요약을 잘하고 싶다면 '논리구조' 형식의 대본을 만들고 핵심만 간추리는 훈련을 많이 해보면 좋다. 〈세상을 바꾸는 시간 15분〉에서 최진기 강사는 스피치를 마치기 1분 전 다음과 같이 내용을 요약하며 마무리한다.

간단히 말씀드리겠습니다. 그래서 인문학이라는 것은 우리가 생각하는 거와 다르게 기술혁신 속도가 둔화되기 때문에 발명이 아닌 혁신의 시대로, 3차산업이 중시되었기 때문에 물질에 대한 이해가 아니라 인간에 대한 이해로, 단순한 생산이 아니라 소비의 사회로, 그 소비는 이미지의 소비고 그 이미지는 바로 스토리가 만들어 낸 겁니다. 그래서 특히 청년들, 자기 스스로 스토리를 만들 수 있는 힘을 가진 사람이 되어야지 미래 사회를 이끌어갈 수 있습니다. '15분, 세상을 바꾸는 최진기'였습니다. 감사합니다.

누구나 간단하게 내용을 요약하는 방법은 무엇일까? 기억해야 할 내용에 숫자를 붙여서 말하는 것이다. 한 가지, 두 가지, 세 가지 등 숫자를 붙여 내용을 말하면 청중은 '아, 이 세 가지가 중요한 거구나. 기억해야지' 하고 마음의 준비를 한다. 〈세상을 바꾸는 시간 15분〉에서 카피라이터 정철은 숫자를 활용해 요약을 한다. 뿐만 아니라 행동으로 옮기게 하고 여운도 남기는 마무리를 한다. 내용을 살펴보자.

(요약하기) 자, 오늘 제가 두 가지 말씀을 드렸습니다. '사람'과 '구체성' 이 두 가지를 말씀드렸는데 당장 오늘부터 글을 쓸 때 내가 글자를 그림으로 그려야지라는 생각으로 써보세요. 사람을 치열하게 관찰해서 사람한테서 글감을 끄집어내서 글을 써보세요. 한 일주일만 지나도 '네 글이 달라진 거 같아. 뭔지 모르지만 힘이 붙었어' 이런 반응이 나올 것이라고 생각합니다. 자, 공부. 글쓰기 공부 이야기를 했는데요. 내 글이 내 말을 바꾸고 내 태도를 바꾸고 내가 만나는 사람들을 바꿔 주고 궁극적으로 내 인생을 바꿔 준다고 생각합니다. 그래서 글쓰기 훈련이야말로 '공부다. 진짜 공부다'라고 생각합니다. (행동하게 하기) 쓰십시오. 쓰지 않으면 결코 잘 쓸 수 없습니다. 쓰다 보면 굉장히 '힘들다' '지루하다' '진도가 잘 안나간다' 이럴 때가 있을 겁니다. 하지만 계속 쓰다 보면 틀림없이 '잘 쓴다' '누구나 글을 잘 쓸 수 있다' '불가능하지 않다'는 증거를 보여 드리는 것으로 강연을 마칠까 하는데요. (여운 남기기) 글이 힘들다고 생각할 때는 오징어를 떠올리세요. 이

오징어라는 놈이 불가능이란 없다는 증거입니다. 대단하지 않습니까? 평생 물에 젖어 살아온 오징어가 마른안주의 대표가 됩니다. 여러분 모두가 오징어가 될 수 있습니다. 고맙습니다.

2) 여운을 남겨라

좋은 스피치를 하려면 '재미있게 시작해서 감동적으로 마무리하라'는 말이 있다. 재미있게 시작하라는 말은 서론에 호기심을 유발하여 스피치에 집중하게 만들라는 것이고, 감동적으로 마무리하라는 건 여운을 남기라는 말이다.

전략적인 관점에서 봤을 때도 결론부에 여운을 남겨야 하는 이유가 있다. 결론부에서 논리적으로 설득하기에는 시간이 부족하다. 따라서 마무리 단계에서는 감성을 자극해야 마음을 움직일 수 있다. 끝이 좋으면 다 좋다는 독일 속담이 있듯이 결론을 잘 만들면 본론의 내용이 다소 미흡했더라도 훈훈하게 마무리된다.

여운을 남기는 방법으로는 감성적인 메시지를 스토리로 전달하거나 명언을 인용하는 방법이 있다. 메시지를 선정할 때는 주제와 관련되거나 주제를 요약할 수 있는 내용이어야 한다. 〈세상을 바꾸는 시간 15분〉에서 김창옥 교수는 '여기까지 잘 왔다'라는 주제의 스피치를 다음과 같이 잔잔하게 마무리하며 여운을 남긴다.

제가 오늘 여러분들께 한마디로 소개하고 싶은 이야기가 있다면 '여러분 여기까지 그 많은 시간 거쳐서 잘 오셨다'는 얘기를 꼭 드리고 싶습니다. 그리고 여러분도 여러분 자신에게 언젠가 여유가 있으면 여기까지 힘들게 온 자기를 한 번만 봐주고 알아줬으면 좋겠습니다. 아침, 저녁에 시간이 되면 5분, 10분 정도 핸드폰 한 번 끄고 산책하고, 산책의 끝에 마음이 편안해지거든 저희도 거짓말 하지 말고 짧게 자기 스스로에게 이야기를 해보는 것이나 기도를 해보면 좋겠다는 생각이 듭니다. 여러분 여기까지 잘 오셨습니다.

설민석 강사는 〈명량특강〉에서 스피치가 마무리될 즈음 웅장한 음악과 함께 이순신의 명언을 인용하여 강의를 감동적으로 마무리한다.

이순신 장군도 사람인데 얼마나 두려웠겠습니까? 그런데 영화에서 그는 이렇게 말씀하십니다. "두려움을 용기로 바꿀 수만 있다면…." 그리고 병사들을 모아놓고 이렇게 말씀하시죠. "병법에 이르기를, 반드시 죽고자 하면 살고, 반드시 살려고 하면 죽는다 하였고 또 한 사람이 길목을 지키면 천 명도 두렵게 할 수 있다 했는데 이는 오늘의 우리를 두고 이른 말이다. 두려움에 맞서는 자, 역사를 바꿀 것이다"라고 말이죠. 저는 시나리오를 읽었는데요, 굉장히 감명 깊었습니다. 마치 제가 417년 전으로 돌아가서, 진도 앞바다 산 위에서 백성들과 함께 실제 전투를 바라보는 듯한 착각을 느꼈습니다. 자, 그날, 그 현장에서 과연 어떻게 우리가 승리할 수 있었을까요? 영화를 통해 확인해 보도록 하겠습니다. 12척의 조선 대 330척의 왜군!! 역사를 바꾼 위대한 전쟁이 시작됩니다.

3) 행동하게 하라

스피치는 메시지로 청중의 생각과 행동을 변화시키는 행위다. 마무리를 짓는 방법 중 하나는 청중들에게 실천방안을 제시함으로서 행동하게 하는 것이다. 이때에는 직접적이고 구체적으로 방법을 제시해야 한다. 다음은 〈세상을 바꾸는 시간 15분〉에서 '공부의 신' 강성태의 스피치 마무리다.

여러분도 할 수 있습니다. 66일 동안 학생뿐만 아니라 남녀노소 누구나 아주 작은 것부터 시작해 보세요. 작게 운동을 하는 것도 괜찮고 매일 물을 마시는 것도 괜찮고 10분만이라도 책을 읽는 것도 괜찮습니다. 그렇게 작게 정해서 하나라도 여러분들의 습관을 66일 동안 완성해서 만들어 보는 그 경험을 한 번 해보세요. 그 뿌듯함을 느껴보세요. 정말이지 행복감마저 느낄 수 있습니다. 자, 그렇게 해서 여러분이 습관을 만드는 그 방법을 알고 그 뿌듯함을 느끼잖아요. 그럼, 다른 어떤 것도 정하면 그걸 66일 동안 만들 수 있어요. 이 습관의 달력을 통해서. 여러분이 뭔가를 정해서 습관을 만들 수 있다는 뜻은 뭔지 아세요? 여러분은 뭐든지 할 수 있다는 뜻입니다. (청중 박수) 여러분, 여러분은 할 수 있습니다. 자, 며칠이요? 66일입니다. 감사합니다.

하나의 주제를 3가지로 마무리해 보기

결론기술	주제 : 〈생각정리스킬〉
1) 내용 요약하기	지금까지 말씀드린 내용을 정리해 볼까요? 생각정리가 어려운 이유는 몇 가지? 그렇죠. 세 가지입니다. 첫째, 머릿속 생각이 눈에 보이지 않는다. 눈에 보이지 않으니까 뭘 하자? 시각화하자! 둘째, 생각 도구를 활용하지 않는다. 국내외로 생각정리 도구는 300가지가 있는데 그중에서 오늘 배운 3가지라도 내 것으로 만들어 봅시다. 셋째, 생각 원리를 이용하지 않는다. 생각은 무엇부터 출발한다? 질문! 질문을 잘해야 생각정리를 잘할 수 있습니다. 질문이라는 원리를 이용해서 세 가지 생각 도구를 활용하고 생각을 시각화하여 생각을 정리하세요.
2) 여운을 남기기	윌리엄 제임스(William James)가 말했습니다. "생각이 변하면 행동이 변하고, 행동이 변하면 습관이 변하고, 습관이 변하면 인격이 변하고, 인격이 변하면 운명이 변한다." 오늘 이 시간이 여러분의 생각과 행동과 인격과 습관 그리고 운명까지도 변화될 수 있는 그 시작점이 되기를 바라면서, 강의 마치겠습니다.
3) 행동하게 하기	여러분 습관이 형성되는 기간이 며칠이죠? 3주입니다. 딱, 3주 동안만 오늘 배운 퀘스천맵(Question Map)을 실천해 보세요. 날마다 주제를 바꾸면서 나만의 질문의 지도를 만들어 간다면, 생각을 정리하는 습관이 여러분들 삶에 자리잡을 것입니다.

종료 신호를 보내자

스피치 결론부가 되면 청중에게 마지막이라는 신호를 줘야 한다. 예고 없이 갑자기 스피치가 끝나게 되면 청중은 완결되지 않은 느낌에 당황스러울 수 있다. "결론적으로 말해서" "지금까지 이야기를 정리하자면" "끝으로" 등의 신호를 통해 스피치가 마무리된다는 것을 전해주자. 주의해야 할 점은 종료 신호를 보냈으면 마무리를 해야 한다. 종료 신호를 했는데 계속해서 말을 이어나갈 경우 청중은 '왜 마치지 않지?' 의문을 품는다.

[연습] 하나의 주제를 3가지로 마무리해 보기

결론기술	주제 :

1) 내용 요약하기

2) 여운을 남기기

3) 행동하게 하기

스피치의 시작과 마무리

지금까지 스피치의 시작과 마무리하는 방법에 대해 살펴봤다. 스피치의 시작에서 중요한 것은 주제에 대해 청중들에게 호기심과 관심을 유발시키는 것이다. 또 연사에 대해 신뢰하도록 만들어야 한다. 이것을 위해 자기소개 만들기와 스피치를 시작하는 10가지 방법을 살펴보았다. 자기소개는 설민석 강사처럼 말하는 방법과 마인드맵으로 활용해 만드는 방법을 구체적으로 제시했다. 스피치를 시작하는 10가지 방법은 칭찬, 공감, 유머, 전문용어, 뉴스, 질문, 이미지/키워드, 충격, 퍼포먼스, 게임 등이 있다. 스피치를 시작할 때 청중을 사로잡기 위해서는 하나의 메시지도 다양하게 표현하는 노력이 필요하다.

스피치의 마무리에서 중요한 것은 진짜 하고 싶은 한마디를 찾아야 한다고 강조했다. 스피치를 마무리하는 방법은 내용 요약, 여운 남기기, 행동하게 하기가 있다. 내용을 요약할 때는 핵심 내용을 요약하기와 숫자로 요약하기가 있다. 여운을 남기기 위해서는 감성적인 메시지를 스토리로 전하거나 명언을 인용한다. 실천방안을 직설적으로 말하며 행동하게 하는 방식도 있다. 그리고 스피치를 마무리할 때는 종료 신호를 보내야 한다. 임팩트 있게 시작하고 아름답게 마무리하자.

본론 만들기,
오늘 안하면
내일도 못한다!

01

본론 만들기는
왜 이렇게 어려울까?

가장 어려운 파트, 본론 만들기

스피치 대본을 만들 때 가장 어려운 부분이 '본론' 만들기다. '말은 청산유수인데 알맹이가 없다'는 말과 '말에 두서가 없다'는 것은 '본론이 허술하다'라는 말과 같다. 핵심 주제가 분명해도 내용이 산만하고 허술하다면 연사에 대한 신뢰도는 떨어질 수밖에 없다.

본론 만들기는 스피치의 설계도를 만드는 작업이다. 건물을 만들 때 설계도가 중요하듯, 스피치도 대본을 논리적으로 만드는 게 중요하다. 그런데 많은 사람들이 본론 만들기에서 어려움을 느낀다. 어떤 부분이 어려울까?

첫째, 스피치의 내용을 구체화시키는 게 어렵다. 같은 말이라도 어떤 사람은 생각을 풍성하고 구체적으로 말하지만, 어떤 사람은 밋밋

하게 말한다. 단순한 생각을 구체화시키는 '생각확장' 기술이 필요하다. 《에디톨로지》의 저자 김정운 교수는 "자신이 아는 것에 대해 구체화시키지 못하면 그것은 아는 것이 아니다"라고 말했다. 어떤 지식과 정보에 대해 구체적으로 말할 수 없다는 것은 그 내용에 대해 모르는 것이나 마찬가지다. 생각을 구체화해 봐야지 내가 어떤 생각을 하고 있고, 무엇을 말하고 싶은지 확실해진다.

둘째, '상황'과 '목적'에 따라 논리를 재구성하는 게 어렵다. 자기소개라는 주제로 스피치를 한다고 가정해 보자. 회식자리와 면접에서 하는 자기소개 스피치는 확연한 차이가 있다. 회식자리에서는 모임의 특성에 맞게 편안하게 자기소개를 하면 그만이지만 면접 스피치는 기업에서 원하는 인재상을 분석하여 자신의 강점이 드러날 수 있도록 스피치를 해야 한다. 이처럼 상황에 맞게 논리를 재구성하는 데 어려움이 있다.

셋째, 내용을 설명하는 게 어렵다. 청중의 흥미를 끌기 위해서는 때로는 논리적으로, 때로는 감성적으로 설명해야 한다. 횡설수설하지 않고 명확하게 설명하는 방법은 무엇일까? 에피소드를 활용해 어떻게 공감을 일으킬까?

본론을 잘 만드는 사람이 진정한 스피치 고수다. 이번 장을 끝까지 포기하지 않고 끝까지 읽다 보면 스피치 본론을 만드는 실질적인 노하우를 얻게 될 것이다.

02

'말문'과 '글문'이 열리는
'질문'의 비밀

만일 누군가 당신에게 "취미가 뭐예요?"라고 질문했다고 가정해 보자. 보통 한두 문장 정도는 쉽게 말할 수 있을 것이다.

"제 취미는 통기타 연주하기입니다.
독학으로 6개월 정도 배웠고,
김광석 노래를 연주할 수 있는 수준이에요."

문제는 여기부터다. 이 내용을 1분 동안 계속해서 말해보라고 하면 어떨까? 점점 말에 두서가 없어지고 횡설수설하다가 머릿속이 새하얗게 변한다. 누구나 한 번쯤 이런 경험이 있을 것이다. 그럼 이 내용을 구체화할 수 있는 방법을 3단계로 설명해 보겠다.

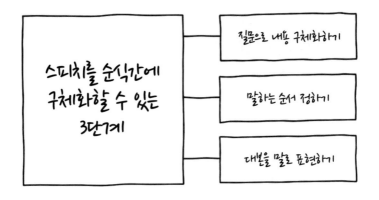

1단계) 질문으로 내용 구체화하기

내용을 확장시키고 구체화할 수 있는 방법이 있다. '답'을 떠올리는 게 아니라 '질문'을 던지는 것이다. 질문은 생각의 문을 열어주는 중요한 역할을 한다. 질문을 잘 만들기 위해서는 질문의 구성요소를 잘 떠올려 보면 된다. '질문'은 '주어＋육하원칙＋동사'로 만든다. 이 중 동사는 물음표로 끝나는 '의문형 동사'로 만든다. 편의상 '동사'로 줄여서 말하겠다.

　다음 질문을 살펴보면 알겠지만 군이 주어를 다 적어준 이유는 뭘까? 주제에 집중하기 위해서다. 주어가 산만해지면 생각이 삼천포로 빠질 수 있다. 따라서 주어는 일관되게 '통기타'만을 적기를 권하지만, 통기타와 관련성이 가깝다면 마지막 질문처럼 주어를 '김광석'으로 바꿔도 괜찮다.

　저의 취미는 통기타 연주하기입니다.

통기타는(주어) 언제부터(육하원칙) 배웠는가?(동사) - 대학교 1학년 때

통기타로 무엇을 연주할 수 있는가? - 김광석 노래 전곡

통기타를 어떻게 배웠는가? - 독학으로 배우다가 학원 등록

통기타를 왜 좋아하는가? - 가슴이 뻥 뚫린 기분, 스트레스 해소, 연주하는 게 즐거움

김광석은 왜 좋아했는가? - 담백하고 솔직해서, 진정성이 느껴져서, 내 이야기 같아서

생각이 확장되었다. 하지만 논리구성이 되지 않은 상태이기 때문에 아직 논리적이지 않고 두서가 없는 상태다. 이 상태로 말하게 된다면 말만 많아지고 산만하게 느껴질 수 있다.

2단계) 말하는 순서 정하기

나열된 내용의 순서를 재구성해야 한다. 이를 '논리구성'이라고 한다. 위와 같은 정도의 구체적인 내용이라면 순서만 잘 정해도 논리적으로 말할 수 있다. 순서를 정하는 방법은 딱히 답은 없지만 '상대방의 입장'을 떠올려 보면 논리적으로 순서를 정할 수 있다. 어떤 이야기부터 말하면 '상대방이 쉽게 이해할 수 있을까?' '상대방에게 효과적으로 전달할 수 있을까?' 이러한 고민은 순서를 정하는 데 도움이 된다.

참고로, 생각을 머리로 하는 경우가 많은데 생각은 손으로 해야 한다. 손은 제2의 두뇌다. 생각은 눈에 보이지 않아서 머리로만 정리하

려고 하면 뒤엉켜버려 점점 헷갈려진다. 반면, 손으로 생각을 정리하면 내용이 쌓이고 수정되는 게 보인다.

나는 왜 통기타를 좋아하고, 언제 어떻게 배웠으며, 어떤 곡을 연주할 수 있는지의 순서로 논리를 재배열해 보자.

제 취미는 통기타 연주하기입니다.
1. 통기타를 왜 좋아하는가?
  1-1 가슴이 뻥 뚫린 기분
  1-2 스트레스 해소
  1-3 연주하는 게 즐거움
2. 통기타는 언제부터 배웠는가?
  대학교 1학년 때
3. 통기타를 어떻게 배웠는가?
  독학으로 배우다가 학원 등록
4. (통기타와 관련된 주어) 김광석은 왜 좋아했는가?
  4-1 담백하고 솔직해서
  4-2 진정성이 느껴져서
  4-3 내 이야기 같아서
5. 통기타로 무엇을 연주할 수 있는가?
  김광석 노래 전곡

논리구성을 하는 과정에서 불필요한 내용이 있다면 과감히 없애고, 필요하다면 내용을 구체화해 보자. 예를 들면 5번째 질문을 확장하고 싶다면 다음과 같이 추가 질문을 던져 세부내용을 구체화할 수 있다.

> 5. 통기타로 무엇을 연주할 수 있는가? - 김광석 노래 전곡
>   특히 어떤 노래? - 기다려줘, 일어나, 서른 즈음에
>   이 중에서 가장 좋아하는 노래는? - 기다려줘
>   왜? - 노래 시작에서 통기타의 선율이 가슴을 울림

3단계) 대본을 말로 표현하기

구체적으로 생각도 확장하고, 논리의 순서도 정했다면 이제 이것을 바탕으로 글을 적거나 말을 해본다. 생각이 정리된 채로 글을 쓰면 막힘이 없고, 말을 하면 청산유수가 된다. 내용을 수정할 때는 소리를 내어 읽어보면 어색한 곳이나 막히는 구간을 발견하게 되는데 이때 부분적으로 수정하면서 내용을 완성하길 바란다. 정리된 내용을 살펴보자.

> 저의 취미는 통기타 연주하기입니다. 통기타를 왜 좋아하냐면 크게 세 가지 이유가 있는데요. 가슴은 막혀 있는데 통기타는 가운데가 뻥 뚫려 있잖아요. 여기에서 기타 소리가 날 때 제 가슴이 뻥 뚫린 기분이 들어요. 쌓여있던 스트레스가 연주하는 순간 해소되죠. 무엇보다도 통기타를 연주하면 정말 행복하고 즐겁습니다. 통기타는 언제부터 배

웠냐면 대학교 1학년 때였어요. (어떻게 통기타를 배웠는가? 질문 생략) 통기타는 독학으로 배우다가 한계를 느껴 가까운 학원에 가서 선생님께 배웠는데 그때 실력이 많이 늘었어요. 저는 김광석을 좋아하는데요, 그 이유는 그의 노래는 담백하고 솔직해서 좋아요. 또 진정성이 느껴지고 노랫말이 마치 내 이야기 같아서 좋아요. 그래서 김광석 노래는 대부분 연주할 수 있답니다. 특히 제가 좋아하는 노래는 '기다려줘' '일어나' '서른 즈음에'인데요. 그중에서도 '기다려줘'를 가장 좋아해요. 이유는 노래가 시작될 때 통기타 선율이 가슴을 울리기 때문이죠. 언제 한 번 여러분들께 연주하는 모습을 보여드리고 싶네요.

1) 말을 세련되게 하는 방법

여기서 한 가지 팁을 말해 주겠다. 대본을 만들 때는 자문자답 형식으로 질문을 통해 만들지만, 실제로 말을 할 때는 질문을 빼고 말해보는 것이다. 문장에 질문을 넣어도 크게 상관이 없지만 맥락을 볼 때 질문을 생략해 주는 것이 더 자연스럽고 세련되게 느껴진다. 다음처럼 말이다.

통기타는 언제부터 배웠냐면 대학교 1학년 때였어요. 어떻게 통거타를 배웠는가? (질문 생략) 통기타는 독학으로 배우다가 한계를 느껴 가까운 학원에 가서 선생님께 배웠는데 그때 실력이 많이 늘었어요.

2) 상대방을 집중시키는 방법

상대방을 단번에 집중시킬 수 있는 방법은 무엇일까? 질문하는 것이다. 예를 들어 "저의 취미는 통기타 연주하기입니다. 통기타를 왜 좋아하냐면~"처럼 계속해서 혼자 말하는 게 아니라 상대방에게 질문을 던져보자.

> 저의 취미는 통기타 연주하기입니다. 제가 통기타를 왜 좋아하는지 아세요? (잠시 침묵)

이렇게 질문을 하면 상대방은 갑자기 궁금해진다. 궁금하다는 말은 사전적 의미로 '알고 싶어 답답한 마음'인데 스피치를 하거나 글을 쓸 때는 상대방을 궁금하게 만드는 것이 중요하다. 계속해서 집중하게 만들 수 있는 요인이기 때문이다. 뿐만 아니라 질문을 하면 말을 정확하게 이해시킬 수 있고, 스피치 내용에 대해 지속적으로 흥미를 끌 수 있다. 따라서 집중시키고 싶거나 강조하고 싶은 말 앞에는 의도적으로 질문을 던져보자.

> 저의 취미는 통기타 연주하기입니다. 제가 통기타를 좋아하는 이유가 뭘까요? (뜸을 들이며 답을 유도하다 보면 상대가 몇 가지를 답한다. '소리가 좋아서? 쉽게 배울 수 있어서?') 맞습니다. 통기타의 소리가 좋고, 쉽게 배울 수 있다는 장점도 있는데요. 제가 통기타를 좋아하는 이유는 가슴은 막혀 있는데 통기타는 가운데가 뻥 뚫려 있잖아요. 여기에서 기타 소리가 날 때 제 가슴이 뻥 뚫린 기분이 들어요.

그런데 막상 상대방에게 질문하기는 쉽지 않다. 어색할 수도 있고,

혹시라도 답을 안 하면 어쩌나 하는 불안함도 생긴다. 연극에는 '제4의 벽'이라는 말이 있다. 이는 무대에서 객석을 향한 가상의 벽을 일컫는 말인데, 말을 할 때 상대방과 나 사이에 있는 어색한 벽은 용기를 가지고 질문을 던질 때 허물어질 수 있다.

03

설민석 강사는
대본을 이렇게 만든다!

말 잘하는 사람들의 스피치를 잘 들어보면 '자문자답'을 적극적으로 활용한다는 것을 발견할 수 있다. 설민석 강사의 '삼일절'에 대한 대본 전문을 잠시 읽어보자.

제목 : 설민석 선생님이 알려주는 삼일절에 대한 3가지 궁금증

안녕하십니까? 한국사를 강의하고 있는 설민석입니다. 올해도 여지없이 삼일절이 찾아 왔는데요. 우리 모두 삼일절에 대해서 얼마나 알고 있을까요. 삼일절과 관련된 궁금증 몇 가지를 알아보는 시간을 가져보도록 하겠습니다.

3·1운동은 어떤 운동이며, 왜 3월 1일에 일어났나요?

일제 강점기에 벌어졌던 '최고의 민족운동이다'라고 말씀드릴 수 있겠습니다. 그 배경부터 보면은요. 시점이 우리가 일본에게 지배당한지 한 10년째쯤 되는 시기였어요. 우리는 10년 동안 일본인들에게 수없이 짓밟혔고 그들의 폭정으로 많은 상처와 어려움을 겪고 있었지요. 그런데 이때 고종황제께서 승하를 하십니다. 그런데 승하의 이유가 일본인들에 의한 독살이라는 소문이 퍼지자 백성들은 분노하기 시작했죠. 그리고 마침 이때 미국과 러시아가 제국주의에 핍박받는 약소민족들을 '독립시켜 주겠다' '지원해 주겠다'라는 취지의 발언을 합니다. 이것은 우리에게 희망의 등불로 비추어졌죠. 이런 것이 하나가 돼서 그렇다면! 우리가 독립 의지가 있음을 만천하에 알리자라는 취지에서 3·1운동이 벌어지게 됩니다. 시기는 고종의 장례식, 즉 인산일인 1919년 3월 3일로 정했었는데요. 인산일 당일과 전날은 일본의 경비도 삼엄하고 또 일요일도 끼어있고 해서 토요일인 3월 1일로 정한 것입니다. 종교대표인 민족대표 33인과 우리 학생들의 주도하에 종로에서, 서울에서 만세시위의 함성이 이어지게 됐고요. 이것은 중소도시를 거쳐서 전국으로 심지어는 전 세계로 번져나가는 위대한 만세시위로 역사에 기록되게 됩니다.

3·1운동은 왜 평화적 만세시위로 진행됐나요? 무력투쟁이 더 효과적이지 않나요?

무장투쟁으로 우리가 그들을 이길 수 있을 것 같았으면 아예 지배를 당하지 않았었겠지요. 당시 우리의 역량으로 그들과 맞서 싸운다는 것은 턱없이 어려운 상황이었구요. 만약에 우리가 폭력시위로 진행이 됐다면 우리의 의지가 왜곡되고 폄하되어서 전 세계에 마치 폭동이나 테

러처럼 알려질 수도 있지 않습니까? 그래서 어디까지나 광명정대하게 정정당당하게 질서정연하게 평화적 방법으로 우리의 의지를 알리다 보니 전 세계 열강은 물론이려니와 강대국에게 핍박받던 약소민족에게도 큰 교훈을 주고 용기를 주었던 운동으로 자리잡을 수 있었던 것입니다.

3·1운동 이후에도 식민지배가 계속되었는데, 사실상 실패한 운동 아닌가요?

어떤 특정 사건의 결과물이라는 것이 무슨 수학문제 답 떨어지듯이 툭하고 떨어지는 것은 아닙니다. 3·1운동의 결과 그 파급력은 엄청났는데요. 첫 번째로는 어떤 주도적인 컨트롤타워가 필요하겠다라고 생각이 되서 대한민국 임시정부가 만들어지는 결과를 낳게 됩니다. 그리고 3·1운동으로 자신감을 얻은 우리들은 국외에서는 만주에서 무장투쟁으로 일본과 맞서 싸웠고 또 국내에서는 사회적·경제적 민족운동이라는 다양한 방법으로 일본과 맞서 싸웠으니 우리의 독립투쟁은 3·1운동 이전과 이후로 나뉜다고 말씀드릴 수 있겠구요. 이 3·1운동의 파급력은 실로 어마어마했다라고 말씀드릴 수 있겠습니다.

현재 우리나라가 어려움을 극복할 수 있는 방법은?

역사를 공부해 보면 반만 년 동안 참 많은 일들이 있었습니다. 큰 전란과 위기들이 우리를 끊임없이 위협하는데요. 그럴 때마다 우리 선배들은, 우리 민족은 하나로 단결해서 그 위기를 이겨냈습니다. 저는 지금 우리나라가 많이 어렵다고 생각을 해요. 대외적으로나 국내적으로

나 외교, 안보, 정치, 경제 할 거 없이 큰 어려움에 처해 있는데요. 우리가 오래 전 그날 그 3·1운동의 정신을 이어받는다면, 하나로 단결한다면 이 어려움을 충분히 극복해 낼 수 있을 거라고 믿어 의심치 않습니다. 자 이번 삼일절을 맞이해서 다시 한 번 마음속으로 외쳐봅시다. 위기를 기회로!! 두려움을 용기로!!

설민석 강사의 스피치 대본은 어떻게 구성되어 있는가? 전체 구성이 '자문자답' 형식으로 이뤄져 있음을 단번에 알 수 있다. 다음은 본문에서 질문만 추려본 것이다.

1. 3·1운동은 어떤 운동이며, 왜 3월 1일에 일어났나요?
2. 3·1운동은 왜 평화적 만세시위로 진행됐나요? 무력투쟁이 더 효과적이지 않나요?
3. 3·1운동 이후에도 식민지배가 계속되었는데 사실상 실패한 운동 아닌가요?

설민석 강사는 3·1운동에 대한 여러 가지 질문이 있겠지만 5분이라는 시간적 제약 때문에 질문을 3가지로 핵심만 간추렸다. 여기서부터가 가장 중요하다. 설민석 강사가 대본을 만드는 과정을 상상해 볼 것이다. 그는 어떻게 만들었을까? 일단, 3가지 큰 질문을 던졌을 것이다. 그 다음 3가지 질문에 대해 여러 가지 질문을 다시 던져 생각을 확장하고 내용을 만들었을 것이다. 다음 대본에서 밑줄 친 질문을 집중해서 읽어보자. 참고로 밑줄 친 질문은 설민석 강사의 스피치 대본에 없는 내용이며, 내용에 대한 질문이 무엇인지 추론해서 만들어 본 것이다.

제목 : 3·1운동은 어떤 운동이며, 왜 3월 1일에 일어났나요?

'3·1운동은 무엇인가?'

일제 강점기에 벌어졌던 '최고의 민족운동이다'라고 말씀드릴 수 있겠습니다.

'3·1운동의 배경은?'

그 배경부터 보면은요. 시점이 우리가 일본에게 지배당한지 한 10년째쯤 되는 시기였어요. (중략) 우리가 독립 의지가 있음을 만천하에 알리자라는 취지에서 3·1운동이 벌어지게 됩니다.

'왜 3월 1일에 이루어졌는가?'

시기는 고종의 장례식, 즉 인산일인 1919년 3월 3일로 정했었는데요. 인산일 당일과 전날은 일본의 경비도 삼엄하고 또 일요일도 끼어 있고 해서 토요일인 3월 1일로 정한 것입니다.

'3·1운동은 누가 주도했으며 그 결과는 어떻게 됐는가?'

종교대표인 민족대표 33인과 우리 학생들의 주도하에 종로에서, 서울에서 만세시위의 함성이 이어지게 됐고요. 이것은 중소도시를 거쳐서 전국으로 심지어는 전 세계로 번져나가는 위대한 만세시위로 역사에 기록되게 됩니다.

'3·1운동은 어떤 운동이며, 왜 3월 1일에 일어났나요?'라는 질문에 대한 질문이 4개로 구성되어 있다는 것을 발견할 수 있다. 스피치를 듣기만 하면 내용만 보이기 때문에 말이 어떻게 만들어졌는지 모를 것이다. 하지만 내용을 문자로 기록하고, 질문을 추론하는 과정에서 세부내용 역시 '자문자답'으로 만들어지고 있다는 것을 발견할 수 있다. 자, 이제 내용은 삭제하고 질문만 남겨보자. 그럼 다음과 같이 뼈대만 남는다.

[1] 3·1운동은 어떤 운동이며, 왜 3월 1일에 일어났나요?

　[1-1] 3·1운동은 무엇인가?

　[1-2] 3·1운동의 배경은?

　[1-3] 왜 3월 1일에 이루어졌는가?

　[1-4] 3·1운동은 누가 주도했으며 그 결과는 어떻게 됐는가?

말을 잘하는 사람은 사람들이 궁금해할 수 있는 예상 질문을 뽑아 목차를 만들 줄 안다. 논리적으로 말을 하는 사람들은 떠오르는 대로 생각을 정리하는 것이 아니라 일단 질문을 나열하고, 청중들이 이해하기 쉬운 순서로 혹은 궁금한 순서로 재배열을 한다. 그리고 여기에 내용만 덧붙이면 스피치 대본이 만들어진다.

[1] 3·1운동은 어떤 운동이며, 왜 3월 1일에 일어났나요?

　[1-1] 3·1운동은 무엇인가?

　　– 일제 강점기에 벌어졌던 '최고의 민족운동'

　[1-2] 3·1운동의 배경은?

- 시점은? 우리가 일본에게 지배당한지 한 10년째쯤 되는 시기
- 백성들은 어떤 마음? 고달프고 힘들고 지침
- 고종황제의 행방은? 고종황제 승하
- 승하 이유는? 일본인들에 의한 독살이라는 소문이 퍼짐
- 그 결과 어떻게 됐지? 백성들은 분노하기 시작
- 미국과 러시아는 어떤 입장? 제국주의에 핍박받는 약소 민족들을 '독립시켜 주겠다' '지원해 주겠다'라는 취지의 발언
- 이 말을 들은 백성들은 어떤 생각? 희망의 등불
- 결국 어떻게 되었는가? 독립 의지가 있음을 만천하에 알리자라는 취지에서 3·1운동이 벌어지게 됨

이렇게 꼬리에 꼬리를 물고 질문하고 답하며 대본이 만들어졌다. 결국 스피치 대본이 만들어진다는 것은 질문이 확장되는 것임을 알 수 있다. 잘 생각해 보자. 말은 결국 질문 아니면 답이 아닌가? 설민석 강사뿐만 아니라 누군가의 스피치를 분석할 때는 내용보다 우선 질문을 살펴보자. 그럼 생각의 흐름이 보일 것이다.

04

손석희 앵커처럼
생각하는 방법

손석희의 앵커브리핑

JTBC 〈뉴스룸〉의 '앵커브리핑'에서 손석희 앵커의 스피치를 분석하
다 보면 감탄이 절로 난다. 사물 등 대상에 대해 예리한 시각으로 관
찰해 다양한 의미를 찾아내기 때문이다. 손석희 앵커는 소재에서 의
미를 발견하고, 제시하고자 하는 주제와 연결하는 탁월한 능력이 있
다. 남들에겐 평범한 이야기도 자신만의 관점에서 의미를 부여하여
좋은 스피치로 연결한다. 2016년 4월 5일에 방영되었던 '벚꽃 잎 날
리고 봄은 아름다운데… 사쿠라엔딩'의 앵커브리핑 대본을 함께 읽
어보자. 이 글의 핵심 키워드는 6가지이다. 어떤 부분을 표시해 두었
는지 함께 읽어보자.

오늘(5일)의 앵커브리핑을 시작합니다.

바다 건너 제주에서 강원도 산골까지 ① 전국이 흩날리는 벚꽃으로 물들었습니다. 봄바람과 함께 찾아온 '벚꽃앓이'에 ② '벚꽃엔딩'이란 이 곡은 벌써 4년째 차트를 역주행 중입니다.

벚꽃이 흐드러지게 필 때면 항상 일어나는 논란은 바로 ③ 일제 잔재이야기입니다. 벚나무는 일제가 1907년 창경궁에 처음 심었고, 1924년부터 이곳에서 '야앵(夜櫻)' 밤 벚꽃놀이가 열리기 시작했죠. 해방 이후 벚나무는 국적 논란을 피해갈 수 없었습니다. 1980년대 초, 당시 창경원에 심어졌던 벚꽃 2,000여 그루는 궁을 복원하며 모두 뽑혔습니다. 진해 벚나무들도 한때 일제의 잔재라며 잘려나가다 원산지가 제주 왕벚나무라는 DNA 검증 끝에 어렵사리 살아남았습니다. 윤중로 벚꽃축제도 어느 사이 여의도 봄꽃축제로 이름을 슬쩍 바꿨더군요.

기실 벚꽃은 아무 죄가 없습니다. 원죄는 광복 70년이 넘도록 ④ 역사를 바로 세우지 못하고 있는 한일 양국에 있을지도 모르겠습니다. 오늘은 한일 양국이 '12·28 위안부 합의'를 이끌어낸 지 딱 100일째 되는 날입니다. 그러나 일본 정부는 여전히 "강제연행은 없었다"며 목소리를 높이고 있고, 일본 고교 역사 교과서들은 오히려 뒷걸음질치고 있습니다. 그리고 일본은 그때마다 불가역을 외치고 있습니다. 그럼에도 '합의정신' 이행만 강조하는 우리 정부에 사람들은 야속해 했습니다. 그리고 좀 박하게 말하면 그런 우리 정부가 유일하다시피하게 내놓은 단호한 조치는 소녀상 지킴이로 나섰던 대학생을 미신고 집회를 개최한 혐의로 검찰에 송치한 것뿐입니다.

⑤ 벚꽃의 일본명은 '사쿠라'입니다. 우리나라에선 다른 속셈을 가

지고 어떤 집단에 속한 사람을 사쿠라라 칭하기도 하죠. 그런데 사실 ⑥그 말의 유래를 따져보면 벚꽃 자체와는 상관이 없습니다. 이는 '사쿠라니쿠', 즉 벚꽃 색깔을 한 연분홍빛 말고기에서 비롯된 것으로, 쇠고기인줄 알고 샀더니 말고기더라는 말에서 유래한 것입니다. 온 사방에 벚꽃 잎은 날리고 봄은 아름다운데 오늘로 100일을 맞은 위안부 합의와 검찰로 송치된 젊은이를 보니 쇠고기인줄 알았던 말고기, 즉 사쿠라니쿠가 떠올랐다는 오늘의 앵커브리핑이었습니다.

JTBC 〈뉴스룸〉 앵커브리핑 '벚꽃 잎 날리고 봄은 아름다운데…
사쿠라엔딩' 전문

앵커브리핑의 주제는 '역사를 바로 세우지 못하고 있는 한일 양국에 대한 비판'이며, 소재는 '벚꽃'이다. 시청자의 흥미를 끌기 위해 독창적인 소재를 동원했다. 도입 부분에 ① 전국에 흩날리는 벚꽃 풍경 사진을 배경으로 ② 버스커 버스커의 노래 '벚꽃엔딩'이 흘러나오며 앵커브리핑이 시작된다. 서론은 ③ 일제 잔재이야기로 벚꽃 원산지에 대한 오해와 결과를 말하고, 본론에 ④ 역사를 바로 세우지 못한 한일 양국에 대한 비판의 메시지가 이어진다. 결론에는 ⑤ 벚꽃의 일본명인 '사쿠라'와 ⑥ 그 말의 유래인 사쿠라니쿠의 속뜻을 인용하여 촌철살인(寸鐵殺人) 멘트와 함께 마무리된다.

아무리 많은 소재를 동원하더라도 여러 소재가 주제로 집약되지 못하면 오히려 스피치를 혼란스럽게 만든다. 그러나 앵커브리핑은 소재가 풍부할 뿐만 아니라 주제로 집약되는 통일성까지 엿보인다. 스피치를 잘하는 전제조건 중 하나는 말하고자 하는 주제와 관련한 풍부한 자료, 즉 소재가 충분히 준비되어 있어야 한다. 소재는 풍부하고 다양할수록 좋다. 상대방의 흥미를 끌 수 있기 때문이다. 소재가 풍부하고 다양해야 이야기가 다채롭게 흘러간다. 좋은 소재는 말을 이어나가게 만드는 힘이 있다.

만다라트로 생각 구체화하기

지금부터 손석희 앵커처럼 생각하는 방법을 배워보자. 앵커브리핑의 사례처럼 풍부한 소재와 흥미로운 주제를 발상할 수 있는 생각정리 도구는 무엇이 있을까? 아이디어 발상도구인 '만다라트'를 자신 있게 추천한다. 만다라트(mandal-art)는 목표를 달성하고자 할 때 사용되는 도구로, '목표를 달성한다'는 'Manda+la'와 'Art'를 결합한 단어이다. 일본의 디자이너 이마이즈미 히로아키가 창안했는데, 불교의 만다라에서 아이디어를 얻었다고 한다. 만다라는 깨달음의 경지를 반복한 원과 네모, 연꽃무늬 등으로 표현한 불화이다.

만다라트의 장점은 무엇일까? 한 페이지로 내용을 볼 수 있으며, 구체적이고 논리적으로 생각을 정리할 수 있다. 빈칸의 공백을 메우는 과정에서 '채우고 싶은 심리'가 작용하는데, 이는 아이디어 발상에 큰 도움이 된다.

만다라트를 그리는 방법은 간단하다. 9개의 사각형 중 맨 가운데 칸에 생각하고자 하는 키워드를 적는다. 그걸 둘러싼 8칸에는 그 생각에 대한 핵심 키워드를 쓴다. 그리고 8개의 핵심 키워드를 그 주변으로 다시 확장해 그것을 둘러싼 각각의 8칸에 핵심 키워드에 대한 세부내용을 나열한다.

1) 중심토픽

중심토픽에는 생각하고자 하는 핵심 키워드를 기록한다. 짐작하건데 손석희 앵커는 하고자 하는 메시지를 먼저 생각한 뒤 '한일문제'에 대한 소재를 다양한 방법으로 떠올렸을 것이다. 만약 만다라트를 활용했다면 다음과 같이 생각을 정리하지 않았을까? 가장 먼저 중심토픽에 '한일문제'를 적는다.

2) 주요토픽

한일문제에 대한 메시지를 확장시키기 위해 '주요토픽'을 활용한다. 주요토픽에는 세부내용을 적는다. 한일문제와 연상되는 키워드를 8개의 칸에 하나하나씩 기록해 나간다. 칸에 얽매이지 않아도 되고, 칸을 모두 채우지 않아도 된다. 소재가 잘 떠오르지 않을 때는 인터넷에서 '한일문제'를 검색해 연관검색어를 찾아보는 것도 좋은 방법이다.

위안부 합의	역사 교과서	친일파
역사왜곡	한일 문제	벚꽃
일제잔재	신사참배	독도 문제

3) 하위토픽

하위토픽은 세부내용이다. '한일문제 → 벚꽃 → 벚꽃과 관련된 아이디어'를 떠올려 본다. 손석희의 앵커브리핑을 참고하여 벚꽃과 관련된 소재를 하위토픽 칸에 채워 넣었다.

위안부 합의	역사 교과서	친일파
역사왜곡	한일 문제	벚꽃
일제잔재	신사참배	독도 문제

→

벚꽃엔딩	벚꽃의 유래	사쿠라
벚꽃 원산지	벚꽃	사쿠라 니쿠
벚꽃축제	제주 왕벚나무	봄

4) 생각설계

만다라트 칸에 생각을 나열했으면 이제 생각을 설계할 차례다. 스피치는 흐름이다. 각각의 키워드 위에 번호를 매기며 논리흐름을 잡아줘야 한다. 어떠한 순서로 말할지 번호를 매겨주는 것만으로도 논리가 구성된다. 이때 불필요한 내용이 있으면 삭제하자. 필요한 내용이라면 다음과 같이 여백에 가지를 쳐서 키워드를 구체화할 수 있다.

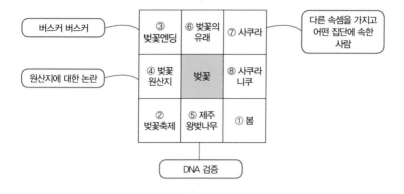

5) 소재를 조합하여 주제 만들기

아이디어는 이처럼 다양한 소재를 떠올리고 연결하는 가운데 탄생한다. 소재가 어느 정도 모였으면 이를 조합하고 적절한 아이디어를 찾아 정리해야 한다. 손석희 앵커도 여러 가지 소재와 아이디어를 조합하면서 한 문장을 완성한 것은 아닐까?

주제 : 벚꽃의 유래인 사쿠라니쿠처럼 행동하고 있는 정부의 한일문제에 대한 대응방식을 강력히 비판한다.

6) 만다라트 소재찾기 연습

자, 이제는 당신 차례다. 연습 삼아 '독도 문제'에 대해 연관 키워드를 떠올려 보자. 독도 영유권 분쟁, 독도 위치, 또 무엇이 있는가? 떠오르지 않는다면 인터넷 정보를 참고해 보자. 가능하다면 관련 서적도 읽어보자. 소재는 많으면 많을수록 좋다. 스피치의 바탕이 되는 구체적인 재료, 즉 이야깃거리이기 때문이다.

위안부 합의	역사 교과서	친일파
역사왜곡	한일 문제	벚꽃
일제잔재	신사참배	독도 문제

영유권 분쟁	독도 위치	
	독도 문제	

7) 핵심 메시지 만들기

이와 같은 방식으로 소재를 떠올렸다면 그다음 당신이 하고 싶은 주제를 만들어 보자. 단순히 독도는 우리 땅이라는 식상한 메시지 말고, 당신만의 관점에서 창의적인 메시지를 만들어 보길 바란다.

주제 :

_____

_____

_____

8) 소재를 찾는 다른 방법은?

간혹 하고 싶은 말이 떠오르지 않는 경우가 있다. 자료 부족 때문이다. 머릿속에 있는 것만으로는 아이디어를 채울 수 없다. 좋은 자료를 얼마나 많이 수집하느냐에 따라 스피치의 성패가 좌우된다. 세상에 자료는 흔하다. 스피치 실력은 자료를 얼마나 잘 찾느냐에 달려 있다 해도 과언이 아니다. 소재는 상당 부분은 '메모'와 '사색'으로부터 얻어진다. 만다라트는 소재를 찾고 주제를 사색할 수 있는 좋은 도구이다. 소재를 찾는 다양한 방법은 제4장에서 추가로 설명했으니 참고하길 바란다. 그리고 만다라트에 대한 자세한 내용은《생각정리 스킬》에 설명되어 있으니 참고하면 도움이 될 것이다.

위안부 합의문	위안부 할머니	관련 영화
위안부 이면합의	위안부 합의	위안부 소녀상
위안부 생존자	위안부 피해자	위안부 재협상

왜곡 사례	역사 왜곡	왜곡 현황
왜곡 대응	역사 교과서	왜곡 이유
시정 요구	바로잡기	일본 태도

친일파 청산	친일파 후손	이완용
기준과 대상	친일파	친일파 의미
독립 운동가	친일파 기념물	친일파 양성 정책

교육방식	언급 사례	역사왜곡 문제점
역사왜곡 교과서	역사 왜곡	역사왜곡 대응
역사왜곡 원인	역사왜곡 사례	나의 생각

위안부 합의	역사 교과서	친일파
역사왜곡	한일 문제	벚꽃
일제잔재	신사참배	독도 문제

벚꽃엔딩	벚꽃의 유래	사쿠라
벚꽃 원산지	벚꽃	사쿠라 니쿠
벚꽃축제	제주 왕벚나무	봄

언어	건물	친일파
청산	일제 잔재	조선 총독부
국민학교	문제점	지명

반대 운동	신사참배 강요	갈등 원인
신사참배 내용	신사 참배	종교 의식
문제점	해결책	개념 이해

영유권 분쟁	독도 위치	일본의 태도
독도문제 원인	독도 문제	우리의 자세
독도 연설	독도의 날	해결 방법

05

스피치 스타일을
만드는 2가지

논리가 중요한 이유

만약 당신이 말을 할 때 횡설수설한다면 '논리'에 대해 한 번쯤 공부해 볼 필요가 있다. 논리는 쉽게 말해 어떠한 사실에 대해 상대방이 이해하기 쉽도록 객관적으로 설명하는 방법이다. 논리적으로 생각하는 방법을 알면 준비시간도 단축될 뿐만 아니라 자신감도 향상되고, 알찬 내용으로 청중에게 공신력까지 얻을 수 있다. '논리' 이 글자를 듣기만 해도 벌써부터 머리가 아파오겠지만, 실력을 인정받기 위해서는 '논리'라는 무기를 장착해야 한다.

논리 = 생각의 이치, 말의 이치

논리는 '논(論)함의 이치(理)'를 말한다. 대다수 사람들이 이해하고 수긍할 수 있는 생각의 이치인데, 쉽게 말해 생각을 '생각답게' 말을 '말답게' 하는 것이 바로 '논리'다. 논리가 없으면 두서도 없다. 아무리 청산유수로 말을 할지라도 주제와 목적에 맞는 알맹이가 없다면 상대를 설득할 수 없다. 주장을 하는데 근거가 부실하다면 연사의 공신력을 잃게 된다.

스피치는 목소리 큰 사람이 이기는 것이 아니다. 목소리가 달콤하다고 해서 틀린 말이 옳게 되는 것도 아니며, 재미있게 말한다고 해서 명연사가 되는 것도 아니다. 목소리가 작아도, 사투리를 쓰더라도, 발음이 좋지 않아도 당신이 논리적으로 생각을 정리해서 분명하게 이야기한다면 상대방을 설득할 수 있다. 우리가 그동안 두서없이 말했던 이유는 두서없이 생각했기 때문인데, 지금부터라도 논리적으로 생각하는 방법을 배운다면 논리적으로 말할 수 있게 되고 공신력도 얻게 될 것이다.

결론부터 말해서 명쾌하지만 때로는 차가운 '두괄식'

논리를 구성하는 가장 기본적인 방법은 '두괄식' '미괄식'을 사용하는 것이다. 핵심 주장을 앞에 놓고 그 다음에 근거를 제시하느냐, 근거를 제시한 뒤 핵심 주장이나 생각을 밝히느냐에 따라 두괄식·미괄식으로 나뉜다. 두괄식은 결론부터 말하고 뒤에 설명을 덧붙이는 방식이다.

지금부터 말씀드릴 내용의 핵심은 '독서는 중요하다'입니다. 독서가 중요한 이유는 세 가지입니다. 첫째, 독서는 지식을 보태줍니다. 둘째, 독서는 마음에 행복을 줍니다. 셋째, 간접체험을 할 수 있게 해줍니다.

글을 쓰거나 말을 할 때 논리적으로 말하면 간결하게 핵심을 전달할 수 있다. 이러한 이유로 비즈니스 현장에서는 논리적으로 말하기를 강조한다. 하지만 길어질 수 있는 내용을 핵심만 간추린다는 장점이 있지만 너무 간략하게 요약한 나머지 '차가운 문장'이 될 수도 있다. 이러한 문제점은 이메일을 주고받을 때 많이 나타난다.

어제 보내주신 메일은 잘 받았습니다.
다음 세 가지 사항을 다시 검토해 주시기 바랍니다.
1) 원고 마감은 9월 10일
2) 11차시 강의안 재검토
3) 프로필 작성하여 사진과 함께 전달

이메일 내용에는 문제가 없다. 간략하게 핵심이 잘 요약되어 있기 때문이다. 문제가 뭘까? 이 글에서 아쉬운 부분은 일방적으로 자신의 생각만 전달한 점이다. 상대방의 마음을 이해하고 배려하는 마음이 느껴지지 않는다. 의사소통에 대한 착각 중 하나는 논리적 말하기가 최고라는 생각이다. 소통은 논리만으로 이루어지지 않는다. 따뜻한 마음이 느껴질 때 서로 좋은 관계가 이어질 수 있다. 그러기 위해서는 다음과 같이 논리적으로 말하더라도 문체는 따뜻하게 하면 좋다.

생각정리스피치

강사님께서 열심히 검토해 주시고, 촬영해 주신 덕분에 드디어 콘텐츠 개발을 잘 완료하였습니다. 그동안 정말 고생 많으셨고, 다시 한 번 감사드려요. 개발물 검토와 함께 몇 가지 추가 요청사항이 있어서 연락드립니다. 바쁘시겠지만 다음 내용을 확인하시고 회신 부탁드릴게요.

잘못 쓰면 답답하고 잘 쓰면 흥미를 유발하는 '미괄식'

미괄식은 말 그대로 근거 또는 이야기를 제시한 뒤 결론을 붙이는 방식이다. 미괄식의 장점은 상대방의 흥미를 지속적으로 유지할 수 있다는 것이다. 하상욱 단편시집에 나오는 '미괄식' 스타일의 시를 살펴보자.

넌,
필요할 땐 내 곁에 없어.
넌,
바쁠 때만 날 괴롭히지.
– 하상욱 단편시집 '잠' 중에서

끝이
어딜까
너의
잠재력
– 하상욱 단편시집 '다 쓴 치약' 중에서

고민 하게 돼

우리 둘 사이

– 하상욱 단편시집 '축의금' 중에서

늘 고마운

당신인데

바보처럼

짜증내요

– 하상욱 단편시집 '알람' 중에서

하상욱은 결론부터 말하지 않는다. 그래서 상대방은 '무슨 말을 하려고 하는 거지?' 생각하면서 끝까지 이야기를 듣게 된다. 그러다 끝에 가서 제목을 보는 순간 어처구니가 없는 웃음이 터진다.

한편 말에 두서가 없어 '도대체 무슨 말을 하는 거야?' '그래서 결론이 뭔데' 하고 느끼는 것은 미괄식이 아니라 설명을 못하는 것이니 이걸 미괄식이라고 오해하지 말자.

스피치에서는 미괄식을 어떻게 사용할까? 〈스타특강쇼〉 김미경 강사의 강연 일부를 살펴보자.

우리들은 여자들은요. 여자들 쇼핑할 때 보세요. 얼마나 서로를 귀신 같이 아나. 여자들 세 명이서 쇼핑가면 어때요? 막 우리는 텔레파시로 대화해요. '예쁜 거 없네. 다른 데 가자' 눈치 주면 매장에서 나오죠. 그런데 남자들은 어때요. 남편이랑 쇼핑가는 거 얼마나 어려운지 알아요? 사기 싫어서 나오라고 눈치 주면 남자들을 눈치 없이 말해요. "왜?! 산다며!" 남자들은 잘 몰라요. 여자의 마음을. 그래서 소통을 할 때 여자들이 제일 중요한 거는요. 내가 뭘 원하는지 단어로 정확하게 말해줘야 해요. 그래야 남자가 이해해요.

위의 내용은 에피소드 방식으로 진행되는 게 특징이다. 이야기를 끝까지 듣기 전까지는 김미경 강사가 무슨 말을 하려고 하는지 알 수가 없다. 하지만 이야기에 점점 몰입이 돼서 끝까지 듣게 된다. 그러다 결론을 말하면 '아, 맞아. 맞아. 그렇지. 남자는 여자 마음을 잘 몰라. 여자가 뭘 원하는지 말해줘야 정확하게 이해하겠구나. 앞으로 그렇게 해야겠다' 생각하며 고개를 끄덕인다. 이렇게 말하고자 하는 바를 맨 마지막에 이야기해서 여운을 주는 형태가 바로 미괄식이다.

06

내용의 흐름을 만드는
8가지 패턴

두괄식·미괄식은 기본적으로 논리를 구성하는 방법이며, 좀 더 구체적으로 논리를 만들기 위해서는 8가지 논리 조직법을 참고하면 좋다. 시간적 조직법, 공간적 조직법, 인과적 조직법, 문제해결식 조직법, 소재별 조직법, 찬반 조직법, 비교우위 조직법, 정보 조직법 등이 있다(《소통의 기초 스피치와 토론》의 내용 각색).

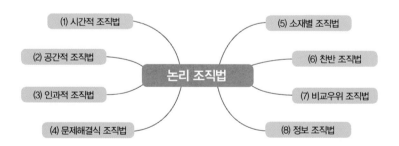

시간적 조직법

시간의 흐름으로 논리를 구성하는 방법이다. 김지윤 소장은 tvN 〈스타특강쇼〉에서 연애의 단계를 고독기 → 물색기 → 호감기 등 7단계로 나누어 시간적 흐름으로 구성했다. 다음 예시를 참고하여 시간적 순서로 당신만의 스피치 논리를 만들어 보자.

> 연애만큼 어려운 게 또 있을까 이런 생각을 하게 되었어요. 나와 같은 사람들에게 도움이 되겠다 해서 정리한 게 연애 7단계예요. 첫 번째는 고독기예요. 고독기에서 우리의 사랑 이야기가 시작되죠. (생략)

공간적 조직법

공간을 중심으로 논리를 구성하는 방법이다. 나는 학부모를 대상으로 하는 학습법 특강에서 '세계의 학습법과 우리나라 학습법'을 비교하며 유대인 학습법의 우수성을 강조하기 위해 공간적 조직법을 활용했다.

> 세계의 학습 모습을 비교해 보죠. 미국, 유럽, 중국, 일본의 학습은 이러한데 우리나라는 어떻죠? 주입식·단순암기식 학습에 머물러 있습니다. 한편 유대인들의 학습법은 어떨까요?

JTBC 〈뉴스룸〉의 '앵커브리핑'에서 손석희 앵커는 장소를 구분하여 논리를 구성했다.

작년 말에 <u>호주 시드니</u>에서 벌어진 인질극을 기억하실 겁니다. 충격을 받은 호주 사회는 이슬람에 대한 혐오가 확산되는 와중이었습니다. 지하철에서 부당한 눈빛으로 히잡을 벗으려던 여성에게 한 시민은 이렇게 말합니다. "벗지 마세요, 당신과 함께 탈게요."

무차별 테러로 충격에 휩싸인 <u>프랑스 시민사회</u> 역시 마찬가지였습니다. 물론 이슬람 혐오범죄가 늘어난다곤 하지만 일상에서의 시민들은 밀쳐내는 대신 함께 타기를 택했고 그 선택은 총보다 폭력보다 더 큰 울림으로 다가왔습니다. 그리고 시드니의 그 지하철은 우리에게도 당도했습니다.

인과적 조직법

원인과 결과는 밀접한 관계를 가지고 있다. 이를 '인과관계'라고 한다. 원인과 결과가 아주 단단한 논리에 의해 연결되어 있을 때 누가 보아도 인정할 수 있는 관계가 될 수 있다. 어떤 문제에 대해 그 원인이 무엇인지 알 수 있다면 문제를 해결할 수 있는 방법을 찾기도 훨씬 쉬워진다. 한 다이어트 전문가가 비만의 원인과 결과에 대해 설명한 내용을 살펴보자.

(비만의 원인) 비만이 되는 원인은 과도한 탄수화물 섭취, 과도한 육류의 섭취, 활동량 부족, 변비, 스트레스로 인한 폭식, 과식, 열량이 낮은 과자 위주의 식사, 술을 이용한 과음·폭음 등등 수도 없는 이유가 있습니다. (비만의 결과) 그리고 비만이 위험한 이유는 위에서도 언급했던 과도한 인슐린의 분비가 일어나다가 인슐린저항성이란 게 생겨나게 됩니다. 인슐린저항성이란 더 이상 혈류 속에 포도당을 간이나 근육에 글리코겐 형태로 저장할 수 없는 상태, 쉽게 말해 혈당이 올라간 상태에서 원상태로 돌아오지 않는 상태인 당뇨병이 걸린다는 겁니다. 이외에도 고지혈증, 심장질환, 뇌졸증, 대사증후군, 척추질환 등의 병을 일으키며, 정신적인 스트레스로 인한 우울증, 대인기피증 등이 발병할 수도 있습니다.

문제해결식 조직법

문제해결식 조직법은 스피치를 할 때 가장 많이 사용하는 논리다. 문제점을 제시하고 해결방안을 제시하는 형태인데, 나 역시도 〈생각정리스킬〉을 강의할 때 이 논리를 자주 활용한다. 문제에 대한 해결방안을 적절히 제시하면 연사의 공신력을 높일 수 있다.

(문제) 근본적으로 생각정리가 어려운 이유는 무엇일까요? 크게 세 가지 이유가 있다고 생각합니다. 첫째, 머릿속 생각이 눈에 보이지 않습니다. 둘째, 생각정리 도구를 활용하지 않습니다. 셋째, 생각 원리

를 이용하지 않습니다. (해결책) 생각정리를 잘하기 위해서는 생각 원리를 이해하고 생각을 정리할 수 있는 도구를 활용해 생각을 시각화해 정리하는 방법을 알아야 합니다. 오늘 그 방법을 제시해 보겠습니다.

소재별 조직법

소재별 조직법은 시간과 공간의 범주에 포함되지 않을 때 소재별로 구성하는 논리다. 가장 많이 사용하는 논리구성법이기도 한데, 소재별로 논리구성을 할 때는 의미 없는 순서로 나열하기보다는 스토리를 만들어 흐름을 잡는 게 좋다. 소재별 구성은 책의 목차와 비슷하게 스토리를 만들어 순서를 배열한다고 보면 된다. 예를 들어 '마인드맵에 대한 이해'라는 주제로 스피치를 할 경우 두서없이 나열하는 것보다 상대방이 이해하기 쉬운 논리를 만들어야 한다.

마인드맵을 만든 ① 토니부잔이 누구인지 ② 그가 마인드맵을 왜 만들었는지 ③ 마인드맵이 무엇인지 설명한다. 그 다음 ④ 마인드맵의 효과는 무엇인지 ⑤ 마인드맵을 어떻게 그리는지 방법을 제시한다.

찬반 조직법

찬반 조직법은 의제에 대해 찬성과 반대 의견을 제시하여 객관적으로 정보를 이해할 수 있도록 하는 방법이다. 설민석 강사는 KBS 〈오늘 미래를 만나다〉 서론 부분에서 찬반 조직법으로 논리를 구성했다. 통일에 대한 시민의 반응은 크게 두 가지로 나뉘었다. 기성세대는 통일을 원하고 젊은 세대는 통일을 원하지 않았다. 이러한 상황을 제시하고 앞으로 통일 문제를 어떻게 해결해야 하는지 방법을 말했다.

〈서론〉

1. 통일에 대한 시민들의 반응

1) 대한민국 국민들은 통일에 대해 어떻게 생각할까요?

2) 기성세대와 달리 젊은 세대의 대부분은 통일을 원하지 않습니다.

3) 통일을 염원했던 연세 지긋하신 어른들은 충격을 받을 것입니다.

설민석, KBS 〈오늘 미래를 만나다〉 요약

비교우위 조직법

비교우위 조직법은 A와 B가 있을 경우 A가 B보다 더 좋다는 것을 강조하기 위한 방법이다. 보통 경쟁업체와의 차별성을 말해야 하는 경우, 시장에서 자사 제품의 우수성을 강조해서 말하고 싶은 경우 등에 자주 사용된다. 비교우위로 설득에 성공하기 위해서는 주장에 대한 근거가 명확하고 구체적이어야 한다.

손 마인드맵보다 디지털 마인드맵이 더 효과적이다.

1. 손 마인드맵은 수정·이동·삭제 등 편집이 어렵지만 디지털 마인
   드맵은 편집을 자유롭게 할 수 있다.

2. 손 마인드맵은 공간의 한계가 있지만 디지털 마인드맵은 공간의
   한계가 없다.

3. 손 마인드맵은 보관하기 어렵지만 디지털 마인드맵은 보관하기
   쉽다.

정보 조직법

정보 조직법은 시간·공간·문제해결 등의 조직법을 적절하게 활용해 하나의 큰 논리를 만드는 방법이다. 스피치를 할 때는 하나의 조직법만 활용하는 것이 아니라 다양한 논리를 합쳐 사용한다. 15분 정도의 짧은 스피치는 단순하게 논리를 구성하는 게 효과적이며, 1시간 이상 긴 스피치를 구성할 경우에는 다양한 논리를 적절하게 배열한다.

스티브 잡스
1. 스티브 잡스 일대기(시간적 조직법)
   1) 소년 시절 잡스
   2) 청소년 시절 잡스
   3) 대학교 시절 잡스
   4) CEO 시절 잡스

2. 스티브 잡스의 업적(소재별 조직법 + 시간적 조직법)

   1) 개인용 컴퓨터 애플1 공개

   2) 할리우드 최고의 애니메이션 〈토이스토리〉 발표

   3) 아이폰, 아이패드 발표

3. 스티브 잡스의 스토리(소재별 조직법 + 시간적 조직법)

   1) 애플 설립 초기 당시 펩시 사장과의 만남

   2) 애플 경영 일선에서 물러남

   3) 애플 최고경영자로 복귀

다음은 KBS 〈오늘 미래를 만나다〉에서 설민석 강사의 1시간 분량의 역사특강을 정리한 것이다. 주제는 '병신년(丙申年)에 전하는 통일의 메시지'이며 강의 내용을 모두 타이핑해 보니 A4용지 10point로 14페이지 분량이 나왔다. 그 내용을 핵심만 간추려 요약해 보았다. 핵심 메시지는 '대한민국의 새로운 성장동력은 통일에 있다!'이다. 내용을 읽어보며 어떤 방법으로 논리를 조직했는지 분석해 보자.

〈병신년(丙申年)에 전하는 통일의 메시지〉

도입

1. 강사 인사 : 한국사 전문가 설민석입니다.

2. 교육주제 : 2016년 병신년(丙申年)을 맞이해 통일의 메시지를 준비했습니다.

3. 교육목적 : 통일이라는 주제를 선정한 이유는 대한민국의 새로운

성장동력이 바로 통일에 있다는 것을 전달하기 위해서입니다.

서론

1. 영상 시청 : 통일에 대한 시민들의 반응 (찬반 조직법)

 1) 대한민국 국민들은 통일에 대해 어떻게 생각할까요?

 2) 기성세대와 달리 젊은 세대의 대부분은 통일을 원하지 않습니다.

 3) 통일을 염원했던 연세 지긋하신 어른들은 충격을 받을 것입니다.

2. 남남 간의 세대 간 갈등 문제와 경제적 위기 (문제해결식 조직법)

 1) 남한에는 산업화와 민주화의 성공을 이루어낸 기성세대와

 2) 경제적 불황으로 희망을 가질 수 없는 젊은 세대의 갈등이 있으며

 3) 경제는 점점 더 심각한 위기에 봉착하고 있습니다.

3. 남남 간의 문제와 갈등을 한 번에 해결할 수 있는 방법 (문제해결
   식 조직법)

 1) 우리나라가 제2의 산업화를 이룰 수 있는 키워드는 통일입니다.

 2) 통일을 한다면 남남 간의 갈등도 자연스럽게 해소될 것입니다.

 3) 그래서 신년에 통일이란 주제로 이 자리를 마련하게 되었습니다.

본론 (문제해결식 조직법 + 소재별 조직법)

1. 통일의 당위성

 1) 민족주의적 측면

  ① 우리나라는 반만 년의 역사에서 크고 작은 외침이 있었습니다.

  ② 민족성을 잃지 않았던 이유는 대동단결의 정신 때문입니다.

  ③ 분단 이후 민족정신을 잃은 우리는 통일한국을 이뤄내야 합니다.

2) 인도주의적 측면

① 강제 이별한 이산가족의 아픔을 보듬어줘야 합니다. (영상 시청)

② 이산가족의 눈물을 닦아드릴 시간이 얼마 남지 않았습니다.

③ 통일의 첫 번째 단추는 이산가족 만남부터 시작되어야 합니다.

3) 경제적인 측면

① 통일의 경제적 이익이 있어야 젊은 세대를 설득할 수 있습니다.

② 북한에는 미래를 대체하는 막대한 지하자원이 묻혀 있습니다.

③ 북한의 자원과 남한의 자본이 만나면 우리의 자강을 이룹니다.

2. 통일을 하는 방법

1) 점진적 통일 (공간적 조직법)

① 급진적 통일을 한 독일은 여러 가지 문제가 초래되었습니다.

② 독일의 역사를 거울삼아 우리는 점진적 통일을 해야 합니다.

③ 서로간의 끊임없는 교류를 통해 이질감을 해소해야 합니다.

　(퀴즈) 북한 사람이 쓰고 있는 용어를 얼마나 알고 있나요?

　후방가족 = 군인가족, 낙지 = 오징어, 황정미 = 현미

2) 남한 주도의 통일

① 헤어진 가족이 재결합했을 때 잘사는 사람이 도와줘야 합니다.

② 통일의 역사 (시간적 조직법)

　• 1950. 6.25 : 전쟁 직후 우리보다 잘산 북한이 먼저 통일 제안

　• 1972. 7. 4 : 남북 공동성명에서 우리가 북한에게 통일 제안

　• 노태우, 김대중, 노무현 대통령 남한 주도의 통일 제안

③ 남한 주도의 통일을 하겠다는 국민의 마음 자세가 중요합니다.

3. 우리에게 필요한 덕목 (소재별 조직법)

1) 관용과 포용

① 신라의 법흥왕은 금관가야의 김구해를 포용하였습니다.

② 왕건은 견훤과 신검을 포용하였습니다.

③ 완벽한 통일을 이루기 위해서 포용의 자세를 가져야 합니다.

2) 애민의 정신

① 통일을 이루면 대한민국이 동북아 중심국가가 될 수 있습니다.

② 히틀러, 도요토미 히데요시는 사람을 사랑하는 마음이 없습니다.

③ 애민의 정신을 가져야 위대한 민족국가로 성장할 수 있습니다.

결론 (소재별 조직법 + 시간적 조직법)

1. 우리 민족 병신년(丙申年)의 과거와 미래

1) 120년 전 : 을미사변, 아관파천

2) 60년 전 : 6.25 전쟁 직후 산업화·민주화를 통한 나라 성장

3) 60년 뒤 : 강대국의 노리개가 될 것인지 통일국가로 급부상할 것
인지 우리의 손에 달려 있습니다.

2. 통일을 위해서 걸어가야 할 우리 민족

1) 옛말에 지행합일(知行合一)이라는 말이 있습니다.

2) 지금부터 통일을 위해 한 발 한 발 걸어 나갑시다.

3) 통일은 우리 민족의 숙원이고 의무이자 권리입니다.

07

스피치, 연결만 잘해도
세련되게 바뀐다!

　하나의 메시지를 전달하기 위해 논리구조를 만들었다면, 이제는 아이디어를 연결해야 한다. 아이디어와 아이디어를 서로 이어지게 하는 말을 '연결멘트'라고 한다. 스피치의 논리를 아무리 잘 만들어 놨어도, 연결멘트를 활용하지 않으면 진행이 매끄럽게 이어지지 않는다.

　연결멘트는 청중들이 내용에 집중할 수 있게 하고, 윤활유와 같은 역할을 한다. 또 아이디어들 간의 관계를 보여주고 연결을 부드럽게 한다. 따라서 물 흐르듯 막힘없이 말을 하려면 연결멘트를 적절히 활용해야 한다. 연결멘트의 종류는 이야기 전환, 내용 이정표, 중간예고, 중간요약 등이 있는데 하나씩 예시와 함께 살펴보기로 하자.

이야기 전환

주제가 바뀌는 등 이야기를 전환할 때 연결멘트를 활용하지 않으면 청중 입장에서는 당황스러울 수 있다. 이때 "지금까지는 A를 말씀드렸지만, 이제부터는 B를 말씀드리겠습니다"처럼 '이야기 전환' 연결멘트를 사용하면 청중들이 다음 주제를 받아들일 마음의 준비를 할 수 있게 된다.

> 지금부터는 남녀 간의 언어에 집중해서 얘기를 할게요. 지금 옆 사람 얼굴 좀 서로 쳐다봐. 다 멀쩡하잖아. (청중 웃음) 근데 애인이 없다는 거 아냐. (청중 웃음) 자, 멀쩡해도 없는 이유는 뭐냐. 입으로 나오는 말이 멀쩡하지 않아서 정말 좋은 여자를 떠나보내거나 정말 좋은 남자를 떠나보낼 수 있거든요. 남녀 간의 언어에 대해서 같이 한 번 생각을 해보자고요.
>
> 김미경, 〈세바시〉 '스마트한 연애를 위한 남녀탐구생활' 중에서

내용 이정표

당신이 지금부터 낯선 도시로 여행을 간다고 가정해 보자. 누군가의 차에 탔는데 네비게이션도 없고 이정표도 없다면 현재 자신이 어느 정도 위치인지를 몰라 답답할 것이다. 스피치도 마찬가지다. 말을 하는 자신은 무슨 말을 하는지 알고 있지만, 청중은 연사가 무슨 말을

할지 전혀 알 수 없다. 이때 '내용 이정표' 역할을 해주는 연결멘트를 해주면 청중은 안심하고 메시지에 집중할 수 있게 된다. 또 중요한 부분에서 연결멘트로 강조해 줄 경우 청중은 중요한 내용을 기억할 준비를 할 수 있어 효과적이다. 내용 이정표 연결멘트는 번호를 매겨 주면 좋다.

> **"지금부터 제가 말씀드릴 내용은 세 가지입니다.**
> **첫 번째는, 두 번째는, 세 번째는 ⋯ ⋯."**

이렇게 구분을 해서 말을 하면 청중은 흐름을 놓치지 않고 내용을 따라갈 수 있다. '그런데, 하지만, 한편' 등과 같이 표현하는 것보다 숫자로 표현하는 것이 이해하고 기억하는데 더 효과적이다.

> 저는 지금까지 인생에서 남이 하지 말라는 짓을 <u>세 가지</u>를 했는데, 거기에 대해서 잠깐 얘기를 드리겠습니다. <u>(첫째는)</u> 제가 처음에 미국으로 유학을 갔을 때였어요. (중략) <u>두 번째</u> 제가 아무도 안 한 선택은 제가 대학에서 경영대를 다닐 때였어요."
>
> 조승연, 〈KBS 드림하이 콘서트〉 중에서

그리고 중요한 내용을 말할 때는 다음과 같이 해보자.

> **"바로 이것이 여러분들이 꼭 기억해야 할 부분입니다."**
> **"지금부터가 중요합니다."**

이렇게 콕 집어서 말을 해주면, 마치 학창시절 선생님이 "이 부분은 시험문제에 나오니 기억하라"고 말한 것처럼 다음 말을 더 잘 듣게 된다. 다만 중요하다는 말을 자주 반복하게 되면 청중은 연사의 말을 더 이상 믿지 않게 되므로 남발하지 않아야 한다.

자, 이제 마무리의 시간이 다가오고 있습니다. <u>저는 어떻게 통일을 하느냐보다 더 중요한 얘기를 지금부터 하려고 합니다.</u> 100년 뒤의 역사만 바라보면 그거는 대한민국에 안위만을 생각하는 거지만 적어도 우리 민족은 1000년 뒤 역사를 생각해야 동북아의 중심국가로 우뚝 설 것 아닙니까? 통일 이후에 우리 민족이 어떤 덕목을 가져야 될지를 한번 생각해 보자고요. 자, 통일이 되면 어떻게 될까요?

설민석, KBS 〈오늘 미래를 만나다〉 중에서

중간예고

연결멘트 중 '중간예고'는 앞으로 이야기할 내용에 대해 미리 알려주는 기능을 한다. '이야기 전환'이 논의를 전환하는 역할을 한다면 '중간예고'는 앞으로 논의할 이야기에 초점이 맞춰져 있다. 예고멘트를 통해 청중들의 집중도와 이해력·기억력을 동시에 높일 수 있다.

지금까지는 생각정리의 필요성과 생각 원리를 살펴보았고요. <u>이제부터는 브레인스토밍 기법에 대해 설명하겠습니다.</u> 이 기법은 누가 왜 만들었을까요? 그리고 어떻게 사용하는 걸까요?

스피치가 긴 경우에는 이렇게 중간중간마다 앞으로 말할 내용이 무엇인지 예고를 해주는 것이 좋다. 예고를 해줄 때 상대방은 '아, 앞으로는 이 말을 하겠군' '이 키워드에 집중해야 되겠다'라고 생각하며 스피치의 맥락을 잡을 수 있다. 맥락을 알면 이해가 더 잘된다.

중간요약

요약은 결론에서만 해주는 게 아니다. 스피치 중간중간마다 청중이 잘 이해했는지 요약을 하는 게 좋다. 요약을 하는 이유는 뭘까? 잘 이해했는지 확인하고, 기억하게 만들기 위해서다. 복잡하고 어려운 내용일수록 중간요약을 해주는 게 좋다. '중간요약' 멘트를 한 뒤 '이야기 전환' 멘트를 하게 되면 자연스럽고 부드럽게 이어진다. 이 책도 장이 끝날 때마다 요약하는 페이지가 있다. 독자들에게 도움이 되도록 배려한 것이다.

제3장 본론 만들기, 오늘 안하면 내일도 못한다!

08

상대의 뇌에 꽂히는
7가지 설명의 기술

설명이란 무엇인가?

회의를 하거나 발표를 할 때 머릿속에 있는 생각이 논리적으로 전달되지 않아서 힘들었던 경험이 있을 것이다. 한참을 말했는데 상대방에게 이런 질문을 받는다면 무척 당황스럽다.

> **"무슨 얘기를 하려는지 모르겠네요."**
> **"그래서 결론이 뭐죠?"**

그야말로, 소통이 아니라 불통이다. 혹시라도 이런 상황이 계속해서 반복된다면 상대방이 아니라, 나의 화법에 문제가 있는 것은 아닌지 한 번쯤 점검을 해봐야 한다. 그렇다면 설명을 잘하는 사람들은 무엇이 다를까? 그 비밀을 파헤치기 위해 '설명'의 사전적 의미를 살펴보자.

어떤 내용을 상대방이 잘 알 수 있도록 밝혀 말함

여기서 내용을 쪼개보면 세 가지 키워드가 나온다. ① 어떤 내용을, ② 상대방이, ③ 잘 알 수 있도록 밝혀 말함. 이제 '설명'에 대해 설명해 보자.

첫째, '내용'이다. 설명을 잘하는 사람은 말하고자 하는 내용에 대해 충분한 정보가 있으며 그 내용이 잘 정리되어 있다. 또 상대방이 솔깃할 만한 가치가 있는 내용을 준비한다. 상대에게 필요한 내용이나 궁금해하는 내용, 누구나 다 알고 있는 말이 아니라 가치가 있는 콘텐츠를 항상 준비한다. 설명을 잘하는 사람은 평소에 설명할 거리를 많이 수집한다. 말을 잘하기 위해 독서하고, 메모하고, 사색하는 일을 멈추지 않는다.

'솔깃할 만한 내용을 준비하라!'

둘째, '상대방'이다. 말을 잘하는 사람들은 상대방의 눈높이에 맞춰 생각을 전달한다. 반면, 스피치를 못하는 사람들의 특징 중 하나는 상대를 배려하지 않고 일방적으로 자신의 생각을 전달하려고 한다. '지피지기면 백전백승'이라는 말이 있듯 상대가 누구인지 안다면 어떻게 말해야 하는지 미리 알고 좋은 성과를 얻을 수 있다.

셋째, '잘 알 수 있도록 밝혀 말하는 것'이다. 이는 어떤 내용을 상대방의 머릿속에 그림을 그리듯 설명하라는 뜻이다. 생각의 그림을 그려주는 방법은 무엇이 있을까? 예를 들면 큰 정보에서 작은 정보의 순으로 설명하기, 결론과 중요한 것부터 말하기, 상대방이 궁금해하는 순서대로 말하기 등의 스킬을 통해 설명을 잘할 수 있다. 또 한 가지 주제라도 다양한 각도에서 설명하면 상대방이 이해하기 쉽다. 때로는 비유로 설명하고 가끔은 예시를 들어 설명해 보자. 필요하다면 단어의 유래 등을 풀어보자.

'이해할 수 있게 풀어서 전달하라!'

설명을 잘하는 7가지 방법

스피치를 할 때 설명을 잘해야 하는 이유는 간단하다. 당신의 생각과 아이디어를 상대방에게 잘 전달하기 위해서다. 아무리 좋은 생각을 가지고 있어도 상대방이 알아듣게 말하지 못하면 원활한 소통이 이루어질 수 없다. 말을 잘하는 사람들은 어떻게 설명할까? 7가지 방법을 살펴보자.

(1) 괜히 어렵게 말하지 말자
(2) 청중을 분석하는 습관을 갖자
(3) '제목 → 내용'의 순서로 말하자
(4) 핵심부터 말하고 부연설명을 하자

설명을 잘하는
7가지 방법

(5) 이유를 말하고 방법을 제시하자
(6) 비교·대조를 하면서 설명하자
(7) 주장, 이유, 근거를 함께 말하자

1) 괜히 어렵게 말하지 말자

'쉬운 말을 왜 저렇게 어렵게 하나' 싶은 사람들이 있다. 쉬운 말을 왜 이렇게 어렵게 말하는지, 쉬운 말 번역기라도 있었으면 좋겠다. 어렵게 말하는 사람들의 특징은 다음과 같다.

첫째, 자신이 알고 있는 지식을 상대방도 알고 있다고 착각한다. 지식의 저주다. 사람들은 당신만큼 알지 못한다.

둘째, 말하는 본인도 잘 이해하지 못하고 있기 때문이다. 아인슈타인은 말했다. 초등학생에게 자신의 지식을 이해시킬 수 없다면 그건 본인이 모르고 있는 것이라고!

셋째, 쉽게 말하는 방법을 모른다. 어떤 분야든 이해가 깊을수록 설명은 더 쉬워지는 법이다. 어떻게 하면 쉽게 표현할 수 있을까?

한국사 전문가 설민석은 〈명량특강〉에서 명량해전을 설명하기 전에 시대적 배경인 임진왜란에 대해 이렇게 설명한다.

자, 이번에는 〈명량〉이라는 영화를 통해서 여러분들을 찾아뵙게 되었는데요. 이 명량해전은 배경이 임진왜란 아닙니까? 일단 임진왜란 보고 영화 이야기를 풀어보도록 하겠습니다. 임진년에 왜인들이 난을 벌렸다. 그래서 임진왜란인데요. 자, 지도 한 번 살펴보시죠.

강의 주제는 '명량'인데 배경이 임진왜란이기 때문에 임진왜란의 개념부터 잡아야 한다. 상대방이 모두 알고 있다고 생각하여 임진왜란이 무엇인지 간과하고 넘어갈 수 있지만 설민석 강사는 그렇지 않다. 혹시나 알지 못하는 사람들을 배려해 쉽게 풀어서 설명한다.

조승연 작가는 〈세상을 바꾸는 시간 15분〉 '학교 덕분에 인생 잘 살았다' 편에서 요즘 청년들을 닌자세대로 표현하는 이유를 이렇게 풀어서 설명한다.

> 미국 애들은 이름을 잘 짓는데, 요즘 청년들을 닌자세대라고 불러요. 처음 들었을 때 닌자거북이를 보고 자란 우리 세대를 말하는 얘기인 줄 알았는데 그게 아니더라고요. No Income, 버는 돈도 없고! No Job, 직장도 없고! No Asset, 가진 돈도 없는 세대다! 그래서 닌자(NINJA)세대래요.

외래어나 전문용어를 사용해야 똑똑해 보인다고 생각한다면 그것은 착각이다. 듣는 사람의 입장에서는 단어의 뜻을 모르면 이해가 되지 않아 답답하다. 자막 없이 외국 영화를 보는 기분이다. 가급적이면 외래어나 전문용어는 자제하되 정말 필요한 경우라면 단어의 의미를 풀어서 설명해야 한다.

2) 청중을 분석하는 습관을 갖자

스피치를 잘하는 사람은 상대방의 입장에서 생각하고 이야기한다. 스피치의 성패는 청중에게 달려있다고 해도 과언이 아니기 때문이다. 따라서 이야기를 듣기 위해 모인 사람들, 즉 청중에 대해 분석할 수 있어야 한다. 청중은 단순한 집단이 아니라 서로 다른 다양한 사람들의 모임이다. 따라서 청중 분석이 필요하다.

청중을 분석할 때 먼저 남자가 많은 집단인지, 여자가 많은 집단인지 혼성비율을 살펴보자. 남녀는 서로의 관심사가 다르며 공감하는 부분이 다르기 때문이다. 예를 들어 남자들은 군대이야기에 공감을 해도 여자들은 군대이야기를 좋아하지 않는다. 공감하기 어려운 주제이기 때문이다. 한편, 아가씨와 주부들도 관심사가 다르다.

또 연령층이 동일한지 다양한지 분석해야 한다. 생각정리클래스의 경우 수업을 할 때 연령층을 나눠 수업을 진행한다. 공감할 수 있는 예시도 다르고 정보를 습득하고 배우는 속도의 차이도 있기 때문이다. 아리스토텔레스에 의하면 젊은 사람들은 이상주의적이며 명분에 따라 움직이기 쉽고, 나이가 많은 사람일수록 현실적이며 실리에 의해 움직인다고 한다. 따라서 젊은 사람이 많을 경우 이상과 명분을 앞세운 스피치를, 나이 든 사람이 많다면 현실과 실리에 중점을 두고 말하면 효과적이다.

청중의 학력 수준도 고려할 필요가 있다. 교육 수준이 낮은 사람에게는 전문용어와 현학적인 표현을 삼가고, 가능한 쉬운 말과 단순한 논리를 전개하는 것이 좋다. 반면 교육 수준이 높거나 분야의 전문가들에게는 전문용어나 복잡한 구조를 가진 논리를 사용하는 것이 오히려 효과적이다.

1. 우호적인 사람들

2. 중립적인 사람들
3. 적대적인 사람들

청중은 태도를 기준으로 크게 세 가지 유형으로 구분할 수 있다. 스피치의 주제에 대해 우호적으로 받아들이고 적극적으로 경청해 주는 사람들만 있다면 좋겠지만 현실은 그렇지 않다. 대부분 반신반의하며 당신을 쳐다보는 중립적인 입장의 사람들일 것이며, 주제에 대해 비판적이며 심지어 적대감을 보이는 사람들도 있다. 따라서 스피치를 듣는 사람들의 태도에 따라 스피치의 내용과 전략이 달라져야 한다.

스피치 실전에 돌입하면, 우호적 사람들은 많지 않다. 표정이 밝은 경우 우호적인 청중이라고 생각할 수도 있지만 사람 속은 자신밖에 모른다. 다만, 직감적으로 우호적인 사람들이 대부분이라고 판단되면 서로가 동의하는 부분은 생략하고 곧바로 본론으로 들어가 공감대를 형성할 수 있으며, 주장하고 싶은 바를 논리적으로 자신 있게 펼쳐나가면 된다.

대부분의 사람들은 스피치를 들을 때 중립적인 입장을 취한다. 중립적인 입장을 취하는 이유는 연사와 주제에 대해 충분한 이해가 없기 때문이다. 그들의 마음을 사기 위해서는 관심사를 파악해야 한다. 또 그들과 직접적으로 관련이 있는 사례나 근거 등의 내용을 준비해서 논리적으로 이해시킬 수 있도록 해야 한다.

스피치를 할 때 가장 어려운 대상은 적대적인 청중이다. 처음부터 부정적인 태도를 취하며 메시지 자체를 거부하기 때문에 이들을 설득하기 위해서는 전략이 필요하다. 일반적인 주장보다는 납득이 될 수 있도록 공감하는 사례를 형성하는 것이 좋다. 하나의 주제에 대해 다양한 관점에서 내용을 언급하여 논리적으로 이해할 수 있도록 해야 한다.

3) '제목' → '내용'의 순서로 말하자

종이에 양 한 마리를 그린다고 상상해 보자. 어떤 대상을 그리든지 그림을 잘 그리기 위해서는 전체 구도를 잡아야 한다. 처음부터 무턱대고 머리를 중앙에 그리기 시작하면 나중에 종이가 모자라서 몸통이나 다리가 잘려버릴 수도 있다. 스피치도 마찬가지다. 말을 할 때 세부 정보부터 말을 하면 듣는 사람이 내용을 이해하는 데 어려움을 겪을 것이다. 말하는 사람은 전체의 지식이 머릿속에 있지만 듣는 사람은 지식과 정보가 없는 상태이기 때문이다. 따라서 설명을 잘하려면 '큰 정보'에서 '작은 정보' 순서로 말하는 습관이 필요하다. 이때 '제목'이나 '주제'를 먼저 말하면 내용을 이해하는 데 도움이 된다.

  EBS 다큐프라임 〈공부의 왕도〉 편에서 재미있는 실험을 했다. A와 B 집단을 나누고 종이를 나눠 준다. 종이에 있는 내용은 상식적인 선에서 이해되는 간략한 글이다. A팀에는 글에 '빨래하기'라는 제목이 있고, B팀에는 제목이 빠져있다. 빠른 속도로 내용을 읽게 하고 무엇에 대해 설명한 글인지 파악하게 한다. '빨래하기'라는 쉬운 내용이지만 제목이 없으면 상황이 조금 달라진다. 제목은 내용을 파악하고 기억할 수 있는 틀과 같은 것이다. 그것이 없는 상태에서는 의외로 무척 난감하다. 학생들은 어땠을까? 제목이 없었던 B팀 참가자들의 말을 들어보자.

"빨래보다는 청소가 아닐까 생각했습니다."

"분리수거와 재활용이라고 생각했습니다."

"처음에 읽었을 때는 이게 뭔지 몰랐는데. 제목을 보니 '분류하고, 기계를 쓰고, 다시 분리하는구나. 아 빨래구나. 맞네' 하고 생각했습니다."

그런데 제목을 봤던 A팀 참가자들의 인터뷰를 듣는 과정에서 재미있는 상황이 생긴다. 한 학생이 제목을 못 본 것이다.

"제목을 못 봐서 내용을 기억하지 못했어요."

제목을 보지 못해서 내용을 기억하는데 어려움을 느꼈던 것이다. 또 한 학생이 답한다.

"그런데 다시 생각해 보면 세탁기가 아니라 그냥 기계였고, 옷도 갠다는 말이 아니라 그냥 분류해서 정돈을 한다, 사용한다라고 표현되었거든요. 그런데 '빨래'라고 제목을 생각하고 보니까 모든 게 빨래로 보였습니다."

글은 눈에 보이기라도 하지만 말은 눈에 보이지 않는다. 그래서 제목을 말하지 않고 내용부터 말을 하면 듣는 사람 입장에서는 '도대체 무슨 말을 하려고 하는 거야' '핵심이 뭐지?'라며 답답함을 느낄 수밖에 없다. 따라서 말을 할 때 제목부터 말해주는 것은 상대방을 배려해 주는 행위이다. 말을 잘하는 사람은 스피치 도입부에 제목과 주제 등을 언급하여 상대방의 머릿속에 큰 그림이 그려질 수 있도록 돕는다. 제목부터 말하지 않으면 상대방이 혼란스러워 한다는 것을 잘 알고 있기 때문이다. 김미경 강사의 대본을 살펴보자.

> 오늘은 또 저와 여러분이 함께 나눌 이야기는 무엇이냐. 어떻게 하면 내가 가진 스피치 스킬을 확 업그레이드할 수 있는지 일곱 가지 방법에 대해서 해볼 텐데요. 오늘은 그야말로 진짜 실습시간이에요. 실습시간. 같이 해보고 옆 사람한테 테스트 받고 해보고 테스트 받고. 이걸 많이 할 거거든요.
>
> 김미경, 〈스피치 달인이 되는 7가지 법칙〉 강의 중에서

김미경 강사는 강의가 시작되기 전 '스피치 스킬을 업그레이드하는 7가지 방법'이라고 강의 주제와 실습으로 진행될 교육방식임을 미리 말하면서 청중들이 스피치에 참여할 수 있도록 유도한다.

4) 핵심부터 말하고 부연설명을 하자

스피치를 준비할 때 가장 많이 하는 실수 중 하나는 부연설명에 지나치게 신경을 쓰는 것이다. 전하고 싶은 메시지인 주제문이 정해지지 않은 상태에서 부연설명이 길어지면 상대방은 혼란에 빠지게 된다. 중요한 것은 수식이 아니라 핵심이다.

주제문이 분명하지 못한 이유는 스피치를 준비하는 과정에서 주제를 확실히 생각하지 않고 부연설명에만 집중했기 때문이다. 부연설명을 먼저 준비한 다음 이것을 정리해 주제문을 추출하는 것은 어려울 뿐만 아니라 비효율적인 방법이다.

'부연설명 → 핵심'이 아니라 '핵심 → 부연설명'으로 생각하는 습관을 지녀야 한다. 주제문을 먼저 정한 다음 일관성 있게 부연설명을 떠올린다면 시간도 단축될 뿐만 아니라 내용도 명쾌하게 전달할 수 있다.

부연설명 → 핵심		
부연설명	부연설명	부연설명
부연설명	부연설명	부연설명
부연설명	부연설명	부연설명
	↓ 주제문	
주제가 막연하고 시간이 오래 걸림		

핵심 → 부연설명		
핵심	부연설명 1	설명 1-1
		설명 1-2
		설명 1-3
	부연설명 2	설명 2-1
		설명 2-2
		설명 3-3
	부연설명 3	설명 3-1
		설명 3-2
		설명 3-3
주제가 확실하고 명쾌하게 전달됨		

5) 이유를 말하고 방법을 제시하자

설명의 목적은 무엇일까? 상대방을 이해시키고 공감시키는 것이다. 아무리 좋은 정보가 있더라도 상대가 공감하지 않으면 아무 소용이 없다. 어떤 정보에 대해 말을 하고자 할 때는 이 정보가 왜 당신에게 필요한지 말하고 그것이 무엇인지 충분히 설명한 뒤 방법을 제시하면 효과적이다.

"설명을 할 때는 Why → What → How 순서로 전달하라"

생각정리클래스에서는 마인드맵을 교육하고 있다. 만약 당신이 생각정리하는 방법이 필요해 마인드맵을 배우러 왔는데 '다짜고짜' 이렇게 설명하면 어떤 생각이 들겠는가?

마인드맵은요. 영국의 토니 부잔이 고안한 생각정리 도구인데요. 좌뇌와 우뇌, 전뇌를 활용할 수 있는 도구이구요. 때로는 논리적으로, 때로는 창의적으로 생각할 때 도움이 되는 도구랍니다. 한 번 사용해 보세요.

말 그대로 '다짜고짜' 설명을 하니 마인드맵이 중요하다고 강조해도 크게 공감이 되지 않는다. 그냥 그런 도구가 있구나 정도로 생각이 스쳐 지나간다. 설명이 제대로 이루어지지 않은 것이다. 같은 주제로 전략을 바꿔 'Why → What → How' 순으로 말해 보자.

(Why) ○○○ 님, 요즘 머릿속 많이 복잡하죠? 회사에서는 해야 할 일도 많고, 만나야 할 사람도 많은데 어디서부터 어떻게 정리해야 할지 몰라 고민이 된 적 있을 거예요. 저도 그런 고민을 한 적이 많았거든요. 머릿속에 어찌나 생각이 많은지….

(What) 그럴 때 마인드맵이라는 도구를 한 번 사용해 보세요. '생각의 지도'라는 뜻의 '생각정리 도구'인데요. 한 페이지로 생각을 정리할 수 있고, 구조적으로 볼 수 있는 획기적인 도구예요.

(How) 사용방법도 간단해요. 종이 한 장만 있으면 되요. 가운데에

주제를 적고, 시계방향으로 꼬리에 꼬리를 물고 가지를 치며 생각을 확장해 나가면 된답니다. (직접 그리는 방법을 보여주며) 마인드맵으로 이렇게 생각을 정리하다 보면 어느덧 명쾌하게 생각이 정리된 것을 스스로 느낄 수 있을 거예요. 하루 일과부터 마인드맵으로 정리해 보는 건 어떠세요?

어떠한가? 마인드맵을 사용해야 하는 이유에 대해서도 공감이 되었을 것이고, 도구를 배우고 싶은 호기심도 생기게 된다. 그러한 상태에서 자연스럽게 방법을 알려주니 사용법이 잘 이해될 것이다.

6) 비교·대조를 하면서 설명하자

A에 대해 설명을 할 때는 A만 설명하는 것이 아니라 B나 C를 등장시켜 비교·대조를 하면 설명하고자 하는 대상의 특성이 잘 보이게 된다. 김미경 강사는 스피치를 할 때 비교·대조를 잘한다. 그녀의 인터뷰를 통해서도 생각이 잘 정리되어 있다는 것을 발견할 수 있다. 강연과 공연의 차이에 대해 이야기를 나누는 장면을 살펴보자.

> 양 : 강연은 뭐고 공연은 또 뭡니까?
> 김 : 그게 좀 달라요.
> 양 : 어떻게 다르죠?
> 김 : 강연은 그냥 환한 불빛에서 관객을 바라보면서 이렇게 저 혼자 강의를 하는 거고요.
> 양 : 아, 일방적으로….

김 : 네. 그렇죠.

양 : 교수님들 강의하듯이?

김 : 네. 맞아요. 근데 공연은 저 말고 다른 요소가 많이 들어가요. 조명이 들어가고 음악이 들어가고 거기에 또 필요한 영상도 들어가고 이렇게 하면서 사람들과 분위기를 같이 즐기는 거죠. 그러니깐 마음 껏 울어도 창피하지 않고 막 웃어도 어색하지 않은 그런 공간 내에서 같이 함께 소통이 아주 적극적으로 이루어진다고 해야 될까요. 확실히 좀 달라요. 제가 보통 강연할 때는 1시간? 공연은 보통 시작되면 2시 간 반 정도 하거든요. 그동안 관객들이 오셔서 많이 울고 웃어서 진이 다 빠져서 나가는 게 그게 바로 공연이에요.

BBS 〈양창욱의 아침저널〉 인터뷰 중에서

그녀의 생각이 일목요연하게 잘 정리되어 있다는 것은 표로 만들 어 보면 알 수 있다. 아마도 그녀는 다음과 같이 표로 생각을 정리해 서 말을 했을 것이다.

구분	요소	소통방식	시간
강연	한 가지	일방향	1시간
공연	여러 가지	쌍방향	2시간 30분

어떤 두 사물을 견주어 볼 때 공통점과 차이점을 찾아보면 두 사물 의 특성을 더 잘 파악할 수 있다. 김창옥 교수도 스피치를 할 때 A와 B를 비교하는 방식을 즐겨한다. tvN 〈어쩌다 어른〉에서 '잘하자 vs 즐기자'라는 주제로 비교하며 설명한다.

누군가를 칭찬할 때 뭐라고 칭찬하죠? 제가 오늘 이 방송에 나간다고 주변 사람에게 말한다면 100% 이렇게 말합니다. "오늘 방송 잘해." (중략) 제가 성악을 전공했잖아요. 외국의 합창단과 한국의 합창단이 다른 게 있어요. 외국의 합창단은 무대에 오르면 이렇게 말해요. "엔조이하자!" 그런데 우리 한국 합창단은 이렇게 말해요. "잘하자. 정신 바짝차려!" (청중 웃음) 어려서 유소년 축구를 한 친구에게 기자가 이렇게 물었어요. "유럽하고 한국하고 축구 같이 해보니까 어떤 게 다른 거 같아요?" 그랬더니 이렇게 답했어요. "한국은 이기려고 하는 것 같고 유럽은 즐기려고 하는 것 같아요. 그래서 이기려고 하니까 골문 앞에서 힘이 들어가요. 그리고 창조적 플레이가 안 나오는 것 같아요."

구분	합창단 사례	축구선수 사례
잘하자	한국의 합창단	한국 축구
즐기자	외국의 합창단	유럽 축구

7) 주장, 이유, 근거를 함께 말하자

스피치를 할 때 우리가 조심해야 할 것 중 하나가 '그냥'이다. 이것은 비논리적이고 무비판적인 사고를 전형적으로 보여주는 말이다. '그냥' 그런 생각을 했다는 것은 그 이유에 대해 전혀 생각해 보지 않았음을 드러낸다. 어떤 주장을 할 때는 '그냥'을 빼고 적절한 이유와 근거를 붙여주면 논리적으로 생각하고 설명하는 첫걸음이 된다. 가벼운 주제라도 평소에 '주장, 이유, 근거'를 함께 말하는 습관을 지닌다면 스피치를 할 때 큰 도움이 된다. 그런데 여기서 '이유'와 '근거'가 같다고 생각할 수 있는데, 확연한 차이가 있다. 조셉 윌리엄스의《논증의 탄생》에서는 이유와 근거를 다음과 같이 설명한다.

이유 : 자신이 생각한다.

근거 : 자신이 생각하지 않는다. '바깥세상'에서 끌어온 것이다.

따라서 논리적으로 말하고 싶다면 어떤 주장을 했을 때 '그냥'이 아니라 자신이 생각하는 이유를 말해 보자. 책이나 논문·기사 등에서 자료 또는 통계를 찾아 근거로 덧붙여 보자. 또는 전문가의 말을 인용해 보자.

(주장) 단어를 이미지와 결합시켜서 저장하면 더 잘 기억할 수 있습니다! (이유) 우리의 양쪽 뇌를 모두 사용해서 효율적으로 내용을 저장할 수 있기 때문이죠.

↓

(근거) 서울대학교병원 신민섭 교수는 단어로만 기억하면 쉽게 잊어버릴 수 있지만 그 단어들을 시각적인 이미지와 결합시켜서 저장한다면 더 잘 기억할 수 있다고 말했습니다. (이유) 왜냐하면 단어는 좌뇌가 저장하지만 시각적인 정보는 우뇌가 저장합니다. 그래서 사람, 나무, 집 그럴 때 '아~ 집 앞에 나무가 있고 그 앞에 사람이 있다'처럼 머릿속에 그림을 그리고 이미지를 떠올리면 나중에 금방 기억할 수 있습니다. (주장) 우리의 양쪽 뇌를 다 활용해서 체계적으로 기억하면 더 많은 양을 효율적으로 저장할 수 있습니다.

09

스타강사들의 대본에
숨겨져 있는 비밀

스타강사들의 공통점

TV에 스타강사들이 나온다. 김미경, 김창옥, 김지윤. 이름만 들어도 대중들에게 친숙한 그들의 스피치에는 대중을 사로잡는 특별한 비밀이 숨겨져 있다. 그것은 무엇일까? 스타강사들의 공통점은 에피소드로 말한다는 것이다. 에피소드는 '일상생활에서 벌어질 수 있는 짧은 이야기'를 말한다. 에피소드 스피치를 활용하면 세 가지 좋은 점이 있다.

첫째, 이해하기가 쉽다. 그들의 말은 어렵지 않다. 일곱 살 어린 아이가 들어도 이해가 될 만큼 쉬운 일상 언어로 이야기한다.

둘째, 공감이 된다. 권위가 있는 강사가 아닌 옆집 언니처럼 편안하게 사람 사는 이야기를 들려준다. 귀에 쏙쏙 들어오고, 가슴으로 느껴진다.

셋째, 기억에 오래 남는다. 딱딱한 이론이 아니라 에피소드를 활용하기 때문이다. 우리의 뇌는 단어보다 스토리를 더 잘 기억한다.

에피소드 말하기는 스피치를 할 때 활용도가 높다. 짧은 강연뿐만 아니라 이야기를 시작할 때 주의를 집중시키는 방법으로도 활용할 수 있으며, 인상적으로 마무리할 때 결론부에서도 사용된다. 특히 본론에서 어떤 주장에 대한 근거 예시로도 사용할 수 있어 방법을 제대로 익히면 요긴하게 쓰인다.

에피소드로 말하지 못하는 이유

에피소드는 짧은 시간 동안 몰입과 공감을 이끌어내고, 메시지를 생생하게 전달할 수 있다는 장점이 있다. 그런데 우리가 에피소드로 말하려고 하면 이런 생각이 든다.

"과연 사람들이 내 이야기를 좋아할까?"

나도 그런 생각을 해봤다. 사람들이 과연 내 이야기를 좋아할지? 내 이야기는 유명인들에 비해 너무 평범한 것은 아닌지? 에피소드 말하기는 성공한 사람이나 유명한 강사나 연예인들만 할 수 있는 이야기인 줄 알았다. 그런데 이러한 생각을 바꾸게 된 계기가 있었다.

〈세상을 바꾸는 시간 15분〉이나 〈TED〉와 같이 일반인들도 참석할 수 있는 강연 프로그램을 보면서 사람들은 누구나 자기만의 스토리가 있으며 나 역시 에피소드를 말할 수 있겠다는 자신감이 생겼다.

인간은 하나뿐인 삶을 살아가는 특별한 존재다. 누구나 에피소드가 있으며, 삶은 에피소드의 연속이다. 따라서 평범하지 않은 특별하고 생생한 스피치를 하고 싶다면 에피소드를 사용해 보자. 하나뿐인 당신의 에피소드를 전할 때 그 순간 당신은 스타강사처럼 돋보일 것이다.

에피소드 스피치를 만드는 방법

에피소드 스피치를 만드는 방법은 무엇일까? 총 5단계로 설명해 보겠다. 1단계는 말하고 싶은 메시지를 선정한다. 2단계는 메시지와 관련된 소재를 찾는다. 3단계는 에피소드를 설계한다. 4단계는 대화체를 넣는다. 5단계는 상황극을 한다고 생각하고 연기하듯 말한다.

1단계) 메시지 선정

먼저 전하고 싶은 메시지를 선정한다. 당신이 하고 싶은 말은 무엇인가? '인생은 롤러코스터다'와 같이 한 문장 속에 스토리가 담겨 있으면 더할 나위 없이 좋다. 이때 속담이나 격언을 사용하면 임팩트가 생긴다.

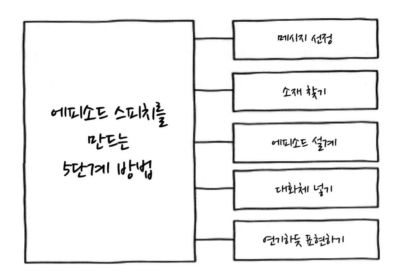

"포기하지 않으면 언젠가 반드시 성공한다."

"성공은 준비하는 자가 쟁취한다."

"작은 일도 최선을 다하면 인정을 받는다."

2단계) 소재 찾기

메시지를 선정했으면 그에 알맞는 소재를 찾는다. 나는 에피소드를 찾는 방법으로 '내가 가장 ~했을 때' 기법을 개발했다. 막연하게 소재를 찾으려고 하면 떠오르지 않는 경우가 있는데, 이 기법을 활용하면 다양한 아이디어를 생각할 수 있다.

"내가 가장 ~했을 때"

"~했을 때"

'내가'라는 주어를 사용해 나의 이야기를 찾는 것에 초점을 맞추고 '가장'이라는 최상급을 활용하여 극적인 이야기를 찾는 것에 초점을 맞춰 본다. '~했을 때'는 이야기 시점을 의미한다. 물론 응용이 가능하다. '나'를 '부모님'으로 바꿔도 되고 소소한 이야기를 하고 싶다면 굳이 '가장'이라는 단어를 쓰지 않고 '~했을 때'만 사용해도 된다.

아르바이트를 열심히 해서 점장님께 인정 받았을 때	연습해 보기	연습해 보기
회사에서 인사를 잘해서 부장님께 칭찬 받았을 때	내가 가장 (작은 일에도 최선을 다해 인정받았을) 때	연습해 보기
연극할 때 작은 배역이지만 최선을 다해 박수 받았을 때	연습해보기	연습해 보기

이왕이면 최근 있었던 일을 떠올려 보자. 신선한 재료에서 맛있는 요리가 만들어지듯 기억이 가물가물한 일보다 최근에 있었던 일이 가장 생생하게 기억에 남기 때문이다. 물론 임팩트 있는 소재라면 먼 과거의 일을 사용해도 좋다.

소재를 찾았으면 무엇을 선택해 어떻게 사용해야 할지 대상과 목적을 떠올려 보자. 누구에게 어떤 이야기를 해주면 좋을까? 방법은 간단하다. 만일 청소년 대상일 경우 나의 학창시절 이야기가 가장 어울릴 것이고, 군인이라면 군대 이야기가 가장 어울린다. 청중이 군인이라고 꼭 군대 이야기만 하라는 말은 아니다. 요지는 대상이 가장

생각정리스피치

공감할 수 있는 사례를 찾자는 것이다. 나는 사회초년생들을 대상으로 '작은 일이어도 최선을 다하면 인정받을 수 있다'는 메시지를 전달하기 위해 다음과 같은 소재를 선택했다.

아르바이트생이었지만 열심히 해서 점장님께 인정받았을 때

3단계) 에피소드 설계

이제 에피소드를 설계할 차례이다. 에피소드 설계는 크게 두 가지 순서로 진행된다. 첫 번째는 내용을 구체화하는 것이고, 두 번째는 스토리를 만들어 주는 것이다.

먼저 내용을 구체화하자. 구체적으로 말할수록 상대방의 머릿속에 그림이 잘 그려진다. 구체화하는 방법은 질문을 사용하는 것이다. 육하원칙의 질문을 던지는 과정에서 생각이 구체화된다. 그리고 질문의 양이 많을수록 내용은 구체화된다.

[Before] 아르바이트생이었지만 최선을 다해 인정받았을 때

- 어디서 아르바이트를 했는가? 커피&도넛을 파는 카페
- 하루에 몇 시간 정도 했는가? 주 5회 5시간
- 언제 아르바이트를 했는가? 대학교 2학년 때
- 어떠한 노력을 했는가? 손님들에게 친절하게 인사, 어르신들께 따뜻한 물 가져다 드림, 밝은 미소로 손님을 맞이함.
- 그 결과 어떻게 되었는가? 손님들이 나를 찾기 시작함. 매장의 매출이 상승함. 6개월 뒤 점장님이 '서비스 담당 직원'이라는 뱃지

를 만들어 줬음.

- <u>어떤 마인드로 일했는가?</u> 내가 주인이라는 마인드

이렇게 질문과 내용을 나열했으면 두 번째로 스토리를 만들어야한다. 만일 다음과 같이 단순히 시간적 흐름에 따라 사실만을 나열하면 어떨까?

"제가 대학교를 다닐 때 던킨도너츠에서 아르바이트를 했습니다.
누구보다 최선을 다해서 일했고 서비스를 열심히 해서
점장님께는 물론이고, 고객들에게 인정을 받았습니다."

단조롭고 재미가 없다. 그래서 스토리를 만들어 줘야 한다. 스토리를 만드는 방법은 '기승전결'로 만들기, 'STAR' 기법을 이용하기 등이 있다.

'기승전결'			'STAR' 기법
흐름	비율	들어가야 하는 내용	흐름
기(起) 일어날 기	10%	이야기의 배경	S(Situation) 배경, 상황
승(承) 이을 승	40%	사건 시작	T(Task) 목표
전(轉) 구를 전	40%	갈등과 해결	A(Action Plan or Attitude) 행동
결(結) 맺을 결	10%	핵심 메시지	R(Result) 결과 (성과, 업적)

'기승전결'과 'STAR' 기법을 참고해 질문의 순서를 재배열했다.

[기, S(Situation)]

1. 언제 아르바이트를 했는가? 대학교 2학년 때

2. 어디서 아르바이트를 했는가? 커피&도넛을 파는 카페

3. 하루에 몇 시간 정도 했는가? 주 5회 5시간

[승, T(Task)]

4. 어떤 마인드로 일했는가? 내가 주인이라는 마인드

[전, A(Action Plan or Attitude)]

5. 어떠한 노력을 했는가? 손님들에게 친절하게 인사, 어르신들께

　따뜻한 물 가져다 드림, 밝은 미소로 손님을 맞이함.

[결, R(Result)]

6. 그 결과 어떻게 되었는가? 손님들이 나를 찾기 시작함. 매장의

　매출이 상승함. 6개월 뒤 점장님이 '서비스 담당 직원'이라는 뱃

　지를 만들어 줬음.

[After]

서비스 담당 직원이 될 수 있었던 이유

대학교 2학년 때 커피와 도넛을 파는 카페에서 아르바이트를 한 경

험이 있습니다. 비록 저는 아르바이트 직원이었지만 내가 주인이라는

마인드로 손님들에게 친절하게 인사하고, 어르신이 오시면 따뜻한 물

로 맞이해 드렸습니다. 늘 웃는 모습으로 손님을 맞이했죠. 6개월 뒤

점장님께 좋은 소식을 전해 들었습니다. 매장의 매출이 상승했는데 그

이유가 아르바이트 직원이었던 저의 친절한 서비스 때문이라고 하셨습니다. 점장님은 고맙다며 '서비스 담당 직원' 뱃지를 만들어 제게 선물로 줬습니다. 학교에 복학하여 어쩔 수 없이 아르바이트를 그만두었습니다. 이후 종종 카페에 놀러갔는데 점장님은 손님들이 가끔씩 저를 찾는다는 기분 좋은 이야기를 해주셨습니다. 저는 이 경험을 통해 작은 일이라도 성실히 하면 인정을 받을 수 있다는 것을 깨닫게 되었습니다.

4단계) 대화체 넣기

지금부터가 중요하다. 에피소드 말하기의 핵심을 공개할 것이기 때문이다. 이것은 너무나 자연스러워 일반인들은 쉽게 알아채지 못하는 기법이다. 사실 스타강사들의 스피치가 일반인들과 다르게 느껴지는 것은 백지장 한 장 차이다. 무엇이 다를까? 우울증이 있던 김창옥 교수가 신부를 찾아갔던 일화를 살펴보자.

> 회관에 딱 갔는데
> 신부님 70~80명이 검정색 신부님 옷을 입고 있는데
> 정말 분위기가 묘하더라구요.
> (속마음) 그래서 어떤 분이 인상이 좋으신가 하고 봤는데
> 저쪽에서 한 신부님이 계속 저를 보고 웃으시는 거예요.
> 마음이 열려서 강의가 끝나자마자 저도 용기를 냈습니다.
> 그리고 자존심을 내려놓고 말씀드렸죠.
> (대화체) "신부님 저는 말만 재밌게 하려고 하는 거지 우울증이 좀

있는 것 같습니다. 조용히 상담을 좀 받고 싶습니다."

이 얘기를 하려고 하는데 놀랍게도 정말 놀랍게도

신부님이 먼저 저에게 우울증 상담을 받고 싶으시다는 거예요.

(청중 웃음)

제가 얘기를 할라고 하고 있는데

제가 얘기를 할라고 하고 있는데….

신부님이 신부를 안하고 싶으시다고

먼저 저한테 얘기를 하시는 겁니다. (청중 웃음)

혹 때러 갔다가 혹을 붙이고

저는 제 얘기는 하지도 못하고,

(대화체) "예. 신부님 기도해 드리겠습니다."

(속마음) 그리고 속으로 저도 뒤지겠습니다. (박장대소)

김창옥, 〈세상을 바꾸는 시간 15분〉 '그래, 여기까지 잘 왔다' 중에서

김창옥 교수의 스피치를 잘 들어보면 한 가지 재미있는 사실을 발
견하게 된다. 첫째, 연기하듯 '대화체'를 적극적으로 활용한다. 어떤
효과가 있을까? 딱딱한 메시지에 대화체를 사용하는 순간 이야기에
생동감이 생긴다. 둘째, '속마음'을 지속적으로 표현한다. 속마음을
이야기하면 어떤 효과가 있는가? 연극에서는 '모놀로그'라고 이야기
하는데 속마음을 관객에게 이야기하면 관객이 주인공에게 몰입이 되
고 공감하는 효과가 있다. 또 예상치 못했던 솔직함은 청중으로 하여
금 웃음을 유발한다. 나의 대본에도 대화체와 속마음을 넣어봤다.

대학교 2학년 때 커피와 도넛을 파는 카페에서 아르바이트를 한 경험이 있습니다. 아르바이트를 처음 시작했을 때 저는 마음속으로 한 가지 다짐을 했습니다.

(속마음) '비록 난 아르바이트를 하는 직원이지만 내가 주인이라는 마인드를 갖고 열심히 해봐야지!'

손님들에게 친절하게 인사하고, 어르신이 오시면 따뜻한 물로 맞이해 드렸습니다. 늘 웃는 모습으로 손님을 맞이했죠. 6개월 뒤 점장님께 좋은 소식을 전해 들었습니다.

(대화체)

점장 : 주환 씨, 좋은 소식 전해줄게요.

주환 : 뭔데요?

점장 : 매장의 매출이 상승했는데 그 이유가 주환 씨가 열심히 일한 덕분이에요. 주환 씨의 서비스 덕분에 손님들의 만족도가 높아졌네요. 고마워요. (서비스 담당 직원 뱃지를 달아주며) 선물이에요.

그날 저는 깨달았습니다.

(속마음) '작은 일이어도 최선을 다하면 인정을 받을 수 있구나!'

5단계) 연기하듯 표현하기

이제 마지막 단계로 연기하듯 표현하는 것이다. 에피소드 스피치를 하는 스타강사들을 보면 1인극을 하는 것처럼 보인다. 연기력이 있으면 청중의 몰입도가 높아진다. 상황이 믿어지기 때문이다. 믿어지는 만큼 몰입하게 된다. 그렇다면 어느 정도 연기력이 있어야 할까? 그 상황에서 특징만 잘 짚어내더라도 표현력이 좋아진다. 예를 들어 점장에 대한 특징을 생각해 보자. 50대이고 남자다. 목소리는 어떠한가? 저음이라고 가정해 보자. 말의 속도는 어떠한가? 느리다. 기분은 어떠한 상태인가? 업무 성과를 내서 기분이 좋은 상태다. 다음 대사를 한 번 읽어보자.

"(저음, 느리게) 고마워요. 주환 씨 덕분에 매장 매출이 향상되었어요."

이런 방식으로 캐릭터의 기본적인 특성을 잘 생각해 표현을 하면 재미도 있고 실감나게 에피소드를 전할 수 있게 된다. 배우처럼 표현하면 더할 나위 없이 좋겠지만 부담을 가질 필요는 없다. 연사가 말의 속도와 높낮이만 잘 표현해 줘도 청중은 재미있다고 느낀다.

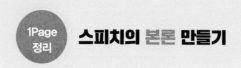

스피치의 본론 만들기

본론은 스피치의 설계도를 만드는 작업이다. 많은 사람들이 본론 만들기에서 어려움을 느끼는 이유는 세 가지가 있다. 첫째, 스피치의 내용을 구체화시키는 게 어렵다. 둘째, '상황'과 '목적'에 따라 논리를 재구성하는 것이 어렵다. 셋째, 세부내용을 구체적으로 설명하는 게 어렵다.

생각 확장의 핵심은 육하원칙 질문을 활용하여 내용을 구체화하는 것이다. 만다라트와 마인드맵을 활용하면 다양한 소재를 떠올려 볼 수 있다.

논리 형식은 크게 두괄식과 미괄식으로 나뉜다. 논리를 구성하는 8가지 방법이 있다. ① 시간적 조직법 ② 공간적 조직법 ③ 인과적 조직법 ④ 문제해결식 조직법 ⑤ 소재별 조직법 ⑥ 찬반 조직법 ⑦ 비교우위 조직법 ⑧ 정보조직법이 있다. 그리고 스피치의 흐름을 잡아주는 연결멘트는 ① 이야기 전환 ② 내용 이정표 ③ 중간예고 ④ 중간요약이 있다.

설명이란 어떤 내용을 상대방이 잘 알 수 있도록 밝혀서 말하는 것이다. 설명을 잘하는 7가지 방법은 다음과 같다. ① 괜히 어렵게 말하지 말자 ② 청중을 분석하는 습관을 갖자 ③ '제목 → 내용' 순서로 말하자 ④ 핵심부터 말하고 부연설명을 하자 ⑤ 이유를 말하고 방법을 제시하자 ⑥ 비교·대조하면서 설명하자 ⑦ 주장, 이유, 근거를 함께 말하자.

스타강사처럼 에피소드 기법을 활용하면 청중들의 공감을 이끌어낼 수 있다. 에피소드 기법의 특징은 대화체와 속마음을 활용하는 것이다.

4장

스피치 실력은
자료를 보면
알 수 있다!

01

스피치 자료,
어디에서 찾을까?

제4장에서 설명할 내용은 스피치 대본을 만들 때 필요한 자료를 찾는 방법이다. 신선하고 다양한 재료에서 맛있는 요리가 만들어지 듯, 이야기할 만한 재료와 소재가 풍성한 사람은 남들과 차별화된 스피치를 할 수 있다. 재미있는 말을 하고 싶다면 재미있는 소재를 찾아야 하고, 감동적인 말을 하고 싶다면 감동적인 소재를 찾아야 한다.

무엇을 어떻게 수집해야 할까? 소재는 무한하다. 삶의 경험에서 부터 자연현상, 책에서 봤던 글, 인터넷 정보 등 주변의 모든 것이 소재가 된다. 소재를 내 것으로 만들기 위해서는 항상 관심을 가지 고 주변을 바라봐야 한다. 예리한 시각으로 다양한 의미를 찾아내야 한다.

소재는 크게 두 가지로 구분할 수 있다. 첫 번째는 개인이 보유하

고 있는 자료로, 아이디어·경험·느낌·상상 등이 있다. 두 번째는 남
들이 만들어 놓은 자료로, 책·SNS·인터넷·영상·학술정보·뉴스/신
문·영화·드라마·강의 등이 있다.

02

아이디어/메모

쓸데없는 생각과 아이디어를 구분하라

아이디어가 떠오르면 즉시 메모해야 한다. 생각은 순식간에 지나가기 때문이다. 머릿속에는 오만가지의 생각이 뒤엉켜 있다. 진로에 대한 고민, 영화 보고 느낀 점, 친구와 대화했던 내용, 사업 아이디어, 다양한 근심·걱정 등이다. 그럼 무엇을 버리고, 무엇을 남길 것인가? 머릿속에 보이지 않는 생각을 분류하는 행위를 '생각정리'라고 한다. 아이디어를 발견할 수 있는 혜안을 얻기 위해서는 평소 생각정리를 잘해 둬야 한다.

　머릿속에 쓸데없는 생각이 많으면 좋은 생각이 감춰져 아이디어가 잘 감지되지 않는다. 따라서 좋은 아이디어를 얻기 위해서는 일단 생각을 잘 버려야 한다. 그럼, 버려야 하는 생각은 무엇일까? 부정적인 생각이다. 스트레스가 되는 생각을 버려야 한다. 해결되지 않는 문제에 대한 근심·걱정이다. 이것은 쓸모없는 생각이므로 빨리 버릴수록 좋다. 운동을 하면서 생각을 비울 수도 있고 친구와 수다를 떨며 스트레스를 풀 수도 있다.

한편 머릿속이 잘 정리되어 있는 사람은 언제든지 아이디어를 끄집어 낼 수 있다. 옷장 정리가 잘되어 있으면 원하는 옷을 신속하게 꺼내 입을 수 있는 이치와 같다.

아이디어를 아이디어로 볼 수 있는 사람이 과연 얼마나 될까? 아이디어를 잡는 사람은 그것을 돈으로 바꿀 수도 있고, 가치로 실현할 수 있으며, 행동에 옮길 수 있다. 아이디어는 글이 되기도 하고 스피치 대본이 되기도 한다.

메모를 해야 하는 이유

생각 중에는 버려야 할 생각도 있지만 남겨야 할 생각도 있다. 생각을 남기는 이유는 무엇일까? 기억해야 할 중요한 정보, 생각이기 때문이다. 발전시켜야 할 아이디어라고 판단되었기 때문이다. 이런 아이디어는 즉시 메모장에 기록해야 한다. 이때 메모와 기록의 차이를 알고 있어야 한다. 메모는 단상·아이디어와 같이 떠오르는 짤막한 생각을 정리한 것이고, 기록은 그 내용을 모아 논리를 구성해서 정리해 놓은 것이다. 그래서 스피치를 잘하려면 메모와 기록 모두가 필요하다. 그 이유는 크게 세 가지다.

첫째, 아이디어가 쌓이기 때문이다. 아이디어의 특성은 휘발성이 매우 강하다는 것인데 기록을 하면 생각이 쌓이게 된다. 훌륭한 아이디어는 생각의 조각이 모여서 만들어졌음을 기억하자.

둘째, 복잡하고 어려워 보이는 문제도 메모를 하면 생각보다 단순하다는 것을 발견할 수 있다. 기록하면 생각을 볼 수 있다. 문제는 단순하다. 머릿속이 복잡한 것뿐이지!

셋째, 스피치 측면에서 보자면 메모는 생각을 다듬어 주는 역할을 한다. 두서없는 생각을 논리적으로 정리해 주고, 명확하지 않은 생각을 구체적으로 만들어 준다. 말을 하면서 내용을 정리하는 방법도 있지만 글로 쓰면 눈으로 보면서 생각을 다듬을 수 있다. 정제된 말은 힘이 있다.

스피치를 위한 목적으로 메모하라

스피치를 잘하고 싶다면 그냥 메모를 하는 게 아니라 '목적이 있는 메모'를 해야 한다. 아무리 많은 생각을 메모해 두었어도 목적 없이 메모하면 스피치를 할 때 큰 효과를 보지 못하기 때문이다.

나는 10년 이상 일기를 써왔다. 하지만 일기가 나의 생각을 성장시키는 데에는 큰 도움이 되었지만 막상 스피치에서 일기에 썼던 내용을 활용하기는 어려웠다. 수천 권의 책을 읽으면서 메모도 많이 했지만 그때 적었던 생각들을 스피치에 적용한 경우는 극히 드물었다. 왜 그럴까? 일기쓰기를 위한 일기, 독서를 위한 독서를 했기 때문이다.

문제점을 깨닫고 난 뒤 방법을 바꿔 '목적이 있는 메모'를 시작했다. 예를 들어 트렌드에 대한 강의를 한다면 트렌드에 관련된 생각을 메모하고, 트렌드에 대한 주제의 책을 읽으며 관련된 내용을 집중적으로 메모했다. 목표 달성에 대한 주제로 강연을 한다면 목표 달성에 대한 정보를 수집하고, 그것과 관련된 내용을 메모했다. 스피치를 위한 목적을 가지고 메모를 하니 빠른 시간 내에 논리적인 스피치 대본을 만들어 낼 수 있었다.

여기서 오해하지 말아야 할 것이 있다. 평소 메모를 많이 하는 것이 스피치에 전혀 도움이 되지 않는다는 말이 절대 아니다. 다양한 관점에서 여러 가지 생각을 정리해 둔다면 언젠가 큰 도움이 된다. 하지만 '언젠가' 도움이 되는 게 문제다. 우리에게 필요한 것은 '지금 당장' 스피치를 잘할 수 있는 방법이 아닌가? 그러기 위해선 메모를 위한 메모가 아니라 스피치를 준비하기 위한 메모를 해야 한다.

스피치를 할 때 도움이 되는 메모법

스피치를 할 때 도움이 될 만한 메모법이 있다. 내가 개발한 메모법인데, 바로 '브레인 노트법(Brain Note taking system)'이다. 브레인 노트법은 우리의 뇌의 역할을 노트에 표현했다. 뇌는 좌뇌와 우뇌로 나뉜다. 좌뇌는 논리적이고 분석적이며 순차적이다. 우뇌는 직관적이고 포괄적이며 창의적이다. 노트법은 간단하다. 좌측과 우측이 구분될 수 있게 노트를 반으로 접는다. 좌측은 좌뇌의 영역이다. 할 일이

나 지식, 정보 등을 나열한다. 우측은 우뇌의 영역이다. 연상되는 생각이나 궁금한 사항, 느낀 점 등을 기록한다. 브레인 노트법은 정보와 생각을 구분해서 볼 수 있고, 생각을 구체화시킬 수 있다는 장점이 있다. 다음 예시를 참고하여 활용해 보자.

202×년 1월 23일 저녁 7시, 카페내음에서	
1. 생각정리스피치만의 특징	글쓰기 + 말하기를 동시에! 스피치 표현법이 아닌 정리법!
2. 생각정리콘텐츠 과정개발	《부의 추월차선》을 패러디하여 '콘텐츠의 추월차선'이라는 표현은 어떠한가?
3. 설명방법 가르치기	비유하기 묘사하기 또 어떤 방법이 있을까?

Tip. 폴더를 정리하는 방법

팁으로 폴더 정리법을 소개한다. 폴더에 이름을 '202×월_미래트렌드'라고 하나를 만들고 '1_교육대본' '2_영상자료' '3_교육사진' 등으로 분류하여 하위 폴더를 만든다. 번호를 매기는 순서는 내가 기억하기 좋은 순서다. 스피치를 하려면 가장 먼저 대본이 필요하니 1번을 매겼다. 교육 대본을 바탕으로 근거자료인 영상자료에 2번을 매겼다. 그리고 교육을 마치면 교육 사진을 찍을 것이 아닌가? 그래서 3번을 매겼다. 이렇게 스토리로 폴더를 만들면 나중에 다시 활용하기 좋다.

03

일기쓰기
(경험/느낌/상상)

일기쓰기

말발을 향상시키기 위해 평소에 하면 좋은 훈련법이 바로 '일기쓰기'다. 일기는 책 쓰기와 달리 하루에 있었던 생각, 떠오르는 사색, 아이디어 등을 자유롭게 기록하는 공간이다. 일기쓰기는 당장 스피치에 큰 도움이 되지는 않지만 장기적으로 봤을 때 여러 가지 유익함이 있다.

첫째, 글쓰기 훈련이 된다. 일기쓰기는 결국 글쓰기다. 날마다 자신의 생각을 기록하고 다듬는 과정에서 자연스럽게 글쓰기 훈련이 된다. 글쓰기는 곧 말하기 능력으로 직결된다.

둘째, 자신만의 관점과 철학이 생긴다. 일기쓰기는 1인칭 주인공 시점에서 자신의 이야기를 진솔하게 적는 행위다. 어떤 현상이나 사물을 보면서 떠오르는 생각이나 느낌을 기록하며 자신만의 개성이 생긴다.

셋째, 이야깃거리가 풍성해진다. 스피치는 딱딱하게 이론만 전하는 것이 아니라 다양한 소재와 함께 감성을 움직이는 행위다. 일기쓰기를 하다 보면 이야기 창고가 풍성해진다.

《생각정리스킬》에서 일기쓰는 방법에 대해 설명했는데, 핵심만 요약하면 다음과 같다.

일기는 어디에 써야 하는가? 아날로그 도구와 디지털 도구 중 당신이 사용하기 편한 도구를 사용하자. 이때 도구는 오랫동안 기록 보존이 되어야 하고 언제 어디서나 작성할 수 있어야 한다.

일기쓰기는 다른 사람들에게 보여주는 글쓰기가 아니므로 자유롭게 기록하되 진솔하게 내용을 작성하는 것을 원칙으로 한다. 진솔한 내용을 기록하고 진솔하지 않다면 과감하게 지워버리자.

일기에는 성장의 흐름을 살펴볼 수 있도록 시간을 기입하고, 오랫동안 내용을 기억하고 싶다면 장소를 기록하는 것도 잊지 말자.

일기의 독자는 바로 당신이다. 스트레스를 풀기 위한 목적으로 일기를 작성하더라도 긍정적인 단어를 사용함으로써 부정적인 생각을 긍정적으로 변화시키는 일기를 쓰도록 하자. 과거의 추억을 보관하기 위한 목적의 일기라면 '기록으로 남길 만한 가치가 있는 소중한 생각'을 기록하자. 미래를 설계하기 위한 목적의 일기라면 자신이 원하는 모습을 상상하며 일기에 기록하면 된다.

인생의 목표를 일기에 구체적으로 적고 실행에 옮긴다면 목표를 달성할 수 있는 확률이 높아진다. 목표를 달성하기 위한 일기를 쓰도록 하자. 그리고 일기를 꾸준히 쓰면 인생의 빅데이터가 형성된다. 인생의 빅데이터 분석을 통해 나를 발견하고 인생의 방향을 잡을 수 있다.

일기쓰기는 인생을 바꾸는 생각정리의 힘이다. 성장하길 원한다면, 꿈을 이루길 원한다면 지금 당장 일기쓰기를 습관으로 만들어 보자. 일기쓰기의 습관이 당신의 운명을 바꿀 것이다.

04

독서

말을 잘하고 싶다면 손에서 책을 놓지 말자

수불석권(手不釋卷), 손에서 책을 놓지 않는다는 말이다. 말을 잘하고 싶다면 책을 늘 가까이 해야 한다. 말 잘하는 사람치고 책을 읽지 않는 사람이 없다. 강원국의 《대통령의 글쓰기》에서는 김대중 대통령과 노무현 대통령의 일화가 나온다. 김대중 대통령은 감옥에서 정치·경제는 물론, 철학·신학·역사·문학에 이르기까지 분야를 가리지 않고 읽었다고 한다. 그는 여러 권을 펴놓고 돌려가면서 하루 열시간 이상 독서를 했다고 한다. 노무현 대통령도 열정적으로 책을 읽었다. 아무리 바빠도 하루에 한 쪽이라도 읽을 정도로 책 읽는 게 일상 그 자체였다. 대통령들에게 독서는 글쓰기와 말하기의 원천이었다. 나 역시도 젊은 나이에 기업교육 강사가 될 수 있었던 이유 중 하나는 3,000권 이상의 독서를 꾸준히 해왔기 때문이다. 만일 내가 책을 읽지 않았더라면 대중 앞에서 말하는 것이 두려웠을 것이다. 다양한 분야의 책을 읽으며 공부한 덕분에 CEO, 교수, 의사, 검사 등 전문가를 만나더라도 막힘없이 대화를 나눌 수 있게 되었다.

스피치 준비를 위한 5단계 독서정리방법

1단계) 스피치 주제와 목적을 분명히 한다

예를 들어 '효율적인 시간관리'에 대해 스피치를 하고자 한다면 먼저 말하고 싶은 주제가 무엇인지 생각해 본다. 단순히 시간관리의 중요성에 대해 이야기를 하고 싶은 것인지, 시간관리 도구에 대해 말하고 싶은 것인지, 시간관리를 통해 성공한 사람들의 이야기를 하고 싶은 것인지 등 주제를 먼저 정리해 본다. 반드시 하나의 주제만 선정할 필요는 없다. 여기서 강조하고 싶은 건 주제가 정해졌으면 아무 책이나 읽지 말고 그 주제와 관련된 책을 찾아 읽어야 한다는 것이다.

2단계) 인터넷 서점에서 책을 찾아본다

오프라인 서점에서 책을 찾는 시간을 단축하기 위해 인터넷 서점에서 '시간관리'와 관련된 도서 리스트를 미리 검색해 본다. '목표' '습관' '계획' 등 '시간'과 관련된 키워드도 함께 찾아본다. 참고로, 하나의 주제와 관련되어 굉장히 방대한 정보가 있을 거라고 생각하겠지만 찾아보면 실제 필요한 책은 10권에서 많게는 30권 정도밖에 없으니 지레 겁먹을 필요는 없다.

3단계) 표지와 머리말, 목차의 내용을 살펴본다

표지와 저자, 머리말과 목차의 내용을 빠르게 살펴보며 읽어볼 만한 내용인지 아닌지 판단한다. 책을 빠르게 선별하는 기준은 무엇인가? 머리말을 읽는 것이다. 머리말은 책을 한 장으로 요약한 도서 요약본이다. 주제, 목적, 예상독자, 줄거리, 기대효과 등을 확인할 수 있다. 머리말은 교보문고, YES24, 알라딘과 같은 인터넷 서점에서도 충분히 살펴볼 수 있다.

4단계) 오프라인 서점에서 책을 찾아 빠르게 읽어본다

책 안에 내가 원하는 소재가 있는지 파악하는 것이다. 예를 들면 '시간관리의 중요성'에 대한 소재가 필요하다면 책 목차에서 '시간관리의 중요성'에 대한 내용이 있는지를 파악하고, 내용을 찾아 읽으면서 내가 원하는 정보인지 아닌지를 판단하면 된다.

그럼, 관련 책들 중에서 필수로 읽어야 하는 책은 무엇일까?

첫 번째는 주제에 대해 거시적 관점으로 전체를 파악해 볼 수 있는 개론서이다. 시간이란 무엇인지, 시간관리 방법은 어떤 것이 있는지, 시간을 관리하면 좋은 점이 무엇인지 등 최대한 객관적으로 서술되어 있는 책을 선정하면 좋다.

두 번째는 나의 의견을 뒷받침해 줄 수 있는 책이다. 예를 들어 '시간관리는 사건관리다!'라는 메시지를 전달하고 싶다면 비슷한 내용의 책을 찾아보자. 저자가 어떤 논리와 근거를 제시하고 있는지를 참고하면 나의 스피치 내용을 탄탄히 구성하는데 도움이 된다.

　세 번째는 나의 의견과 반대되는 책이다. '시간관리는 중요하다!' 라는 내용을 말하고 싶다면 반대로 '시간관리는 중요하지 않다'는 관점의 내용도 살펴보는 것이 좋다. 내가 미처 생각하지 못했던 반대 의견을 통해 나의 편협한 생각을 바로잡을 수 있고, 주장의 근거가 더욱 탄탄해지는 계기가 될 수 있다. '어떤 책의 저자는 시간관리가 이러한 이유에서 중요하지 않다고 말했지만 저는 이러한 이유에서 중요하다고 생각합니다.'

5단계) 구매한 책을 정독한다

책을 읽는 과정에서 주제와 관련된 지식과 생각이 풍성해질 것이다. 중요한 내용은 밑줄을 친다. 또 책을 읽다 아이디어가 떠오르거나 생각이 나면 책 여백이나 메모장에 생각을 정리한다. 인용할 사례가 있으면 포스트잇을 붙여 놓는다. 독서를 할 때는 읽는 행위도 중요하지만 스피치와 관련된 자신의 생각을 정리하는 것임을 잊지 말자. 주의해야 할 점은 책에서 인용을 할 경우 반드시 출처를 밝혀야 한다.

05

SNS/인터넷/영상

SNS의 휴먼 데이터 활용하기

블로그, 카페, 페이스북, 카카오스토리, 각종 커뮤니티 등 사람이 만들어 내는 것을 '휴먼 데이터(Human data)'라고 하는데, 이것을 활용하는 것도 좋은 방법이다. 나는 직장인들에게 공감되는 이야깃거리를 찾기 위해 SNS를 활용한다. 직장인들의 관심사를 다루는 인스타그램 계정을 팔로우하거나 '블라인드'와 같은 직장인 커뮤니티에 가입해 그들의 이야기를 듣는다. '직장 상사와 센스 있게 대화하는 꿀팁 5가지' '대화하기 싫어지는 카톡 내용 베스트 10'과 같이 공감되는 소재들이 가득하다. 공감되는 정보는 내용을 잘 저장해 둔다. 김미경 강사 역시 한 인터뷰에서 스피치를 준비할 때 소재를 찾기 위해 SNS를 적극적으로 활용한다고 말하고 있다.

궁금한 것이 있으면 몇십만 명이 넘는 SNS 친구들과 오프라인상의 지인들을 만납니다. 저는 궁금한 게 있으면 늘 물어보는 스타일이에요. 예를 들어 추석이라면 SNS에서 묻습니다. '추석 때는 뭐가 힘들어요?' '뭣 때문에 힘들었어요?' 그럼 댓글이 몇천 개가 달립니다. 얼마나 재미있는지 읽는 내내 사람들이 이런 생각을 하는구나 이해하게 됩니다. 여기에서 강의의 힌트와 재료를 얻고 있습니다.

BBS 〈양창욱의 아침저널〉 인터뷰 중에서

네이버 연관검색어에서 아이디어 얻기

스피치 소재를 찾을 때 연관검색어를 활용하는 것도 좋은 방법이다. 예를 들어 '직장인의 스트레스'와 관련된 스피치를 한다면 네이버 검색 창에 '직장인 스트레스'를 검색한다. 그러면 연관검색어로 업무 스트레스, 직장인 스트레스 원인, 유형, 관리, 해소방법, 직장인 행복의 기준 등 관련성 있는 소재와 항목을 얻을 수 있다. 이를 통해 스피치 소재를 찾고 연상되는 아이디어를 발견할 수 있다.

썸트렌드에서 연관 키워드 찾기

'썸트렌드(some.co.kr)'를 활용하는 것도 추천한다. 소셜 네트워크를 통해 양산되는 정보들을 분석·가공하여 연관 키워드를 추출해 주는 아주 흥미로운 사이트인데, 예를 들어 '다이어트'를 검색하면 '음식, 운동, 식단, 몸무게, 방법' 등 다양한 연관 키워드를 한눈에 볼 수 있고, 최신 트렌드 키워드를 알아낼 수 있다.

유튜브에서 영상 수집하기

유튜브(Youtube)가 대세다. 웬만한 TV 프로그램 이상으로 1인 미디어 콘텐츠가 상당한 인기를 끌고 있다. 유튜브에는 전 세계에 있는 다양한 영상자료와 수많은 유튜버가 제작한 창작 영상물이 있다. 유튜브에서 '재생목록'을 활용하면 영상을 주제별로 모아 나만의 아카이브를 만들어 수집할 수 있다. 더 나아가서는 '곰믹스 프로' '브루' 등 가볍게 영상 편집을 할 수 있는 프로그램들도 많이 있으니 활용하면 좋다.

인터넷에서 수집한 내용으로 스피치 멘트 만들기

어떤 강사가 인터넷 포털사이트에서 수집한 자료를 활용해 대본을 만들었다. 가벼운 주제이기 때문에 근거가 명확하진 않지만 공감이 이루어진다. 어떻게 멘트를 만들었는지 내용을 살펴보자.

어떤 포털에서 조사했습니다. 인사담당자들이 지원자의 첫인상을 정말 중요하게 생각한다고 합니다. 그래서 심지어는 첫인상을 보고 뽑을지 말지 결정하는 하는 인사담당자도 많다고 합니다.

인터넷에서 수집한 자료라도 출처는 분명하게

하지만 인터넷인지 책인지 논문인지 어디서 인용한 정보인지를 말하지 않으면 공신력을 얻을 수 없다. 반면, 출처를 분명하게 밝힌다면 청중의 신뢰를 얻을 수 있다. 다음 사례를 보자.

취업포털 인크루트에서 기업 인사담당자 289명을 대상으로 설문조사를 했다고 합니다. 그 결과, 면접에서 '첫인상의 중요성을 고려한다'가 57%, '상당히 고려한다'가 29%라고 합니다. '첫인상 때문에 감점한 적이 있는가?'에서는 '감점한 적이 있다'가 무려 73%라고 합니다. 정말 놀랍지 않나요? 여러분? 그만큼 첫인상은 중요합니다.

SNS와 인터넷 정보수집의 단점 중 하나는 출처가 불명확하다는 점이다. 많은 내용의 데이터가 있지만 무분별한 정보가 뒤섞여 있기 때문에 정보수집시 반드시 내용을 검증하고 스피치하기 바란다.

06

학술정보

어떤 개념이나 전문 정보를 찾을 때 인터넷 백과사전서비스를 이용하곤 한다. 그 중 '위키피디아'는 사용자들의 자발적인 참여로 만들어지는 참여용 백과사전서비스다. 다양한 정보가 정리되어 있다는 장점이 있지만, 단점은 출처가 불명확하고 사실과 다른 정보를 올리는 경우가 있으며 저작권 등 법적으로 문제가 될 수 있는 등의 한계가 있다.

스피치의 공신력을 만들기 위해서는 검증된 내용을 활용해야 한다. '학술정보검색서비스'는 학계로부터 전문성과 신뢰성을 검증받은 자료이다. 유료서비스가 많다는 단점이 있지만, 다른 이가 오랜 시간 동안 연구한 주제와 자료를 열람하는 것은 비용 그 이상의 가치가 있다.

《진짜 공신들만 보는 대표 소논문》에서 정리한 학술정보 사이트의 주소와 특징을 참고하길 바란다.

명칭	특징
국가전자도서관 http://www.dlibrary.go.kr/	유료+무료, 9개 공공기관 자료를 한 번에 검색(국립중앙도서관, 국회도서관, 법원도서관, 한국과학기술원도서관, 한국과학기술정보연구원, 한국교육학술정보원, 농업진흥청 농업과학도서관, 국방전자도서관, 질병관리청 국립의과학지식센터)
구글 학술 검색 http://scholar.google.co.kr/	유료+무료, 논문과 각종 단행본 검색 가능
DBpia http://www.dbpia.co.kr/	유료, 국문뿐 아니라 외국어(영어, 일어, 중국어 등)로 작성된 논문도 검색 가능
네이버 학술정보 http://academic.naver.com/	유료+무료, 논문과 각종 단행본, 국가기록물 등을 제공
빅카인즈 https://www.kinds.or.kr/	국내 최대 뉴스검색사이트(각종 기사 및 뉴스 검색 가능)
JSTOR http://www.jstor.org/	해외저널+학술자료 검색 가능
KRpia http://www.krpia.co.kr/	유료+무료, 논문과 각종 단행본 검색 가능
스콜라 http://scholar.dkyobobook.co.kr/	유료+무료, 학회지 및 연간 간행물 원문 정보 제공
국가통계포털 http://kosis.kr/	국가승인통계 제공

출처 : 김범수, 《진짜 공신들만 보는 대표 소논문》 p.65 참고

07

뉴스/신문기사

구글알리미

매일 아침 신문배달 서비스와 같은 기능이다. 구글알리미를 등록해 두면 전문분야의 뉴스 정보를 꾸준히 구독할 수 있다. 포털사이트에서 뉴스를 찾아보지 않아도 되기 때문에 시간을 절약할 수 있다는 장점이 있다. 예를 들어 취업과 관련된 정보를 얻고자 한다면 구글알리미에 '취업' 키워드를 입력해 두면 관련 자료가 수집된다.

기사 활용방법

스피치를 할 때 "요즘 나오는 뉴스에는 이런 저런 정보가 있습니다.

이 정보를 통합해 보면 다음은 이렇게 예측할 수 있습니다"라고 말한다면 좀 더 전문지식을 갖춘 사람처럼 보일 수 있다. 이때 최신 데이터를 근거로 답변하면 상대방에게 믿음을 줄 수 있다.

> (화면에 뉴스를 보여주며) 이게 오늘 뉴스예요. 저는 항상 생동감 넘치는 강의를 합니다. 오늘 뉴스 이게 딱 떴거든요. 중국이랑 일본이 지금 난리가 났죠. 제가 지난주 중국에 다녀왔는데요.
>
> 최진기, 〈최진기의 인문학 특강〉 중에서

디지털 메모장을 활용하자

수첩이나 다이어리 등에 손으로 쓴 아이디어나 메모를 컴퓨터나 웹으로 가져오려면 다시 타이핑을 해야 하는 불편함이 있다. 이를 해소하기 위해 만들어진 프로그램이 디지털 메모장인데, 그중 가장 활용하기 좋은 것으로 '에버노트'와 '노션'을 추천한다. 이들은 스마트폰뿐 아니라 컴퓨터에서도 사용할 수 있으며, 인터넷 클리핑, 메모, 사진, 음성, 손글씨, 영수증, 파일 첨부 등이 가능하다.

에버노트는 특히 뉴스기사와 같은 웹상의 자료수집을 할 때 유용하게 사용된다. 관심 있는 기사를 보고도 그냥 지나치는 경우가 많은데, 이때 에버노트의 웹 클리퍼(Web Clipper)를 이용하면 해당 웹페이지를 손쉽게 스크랩하고 저장할 수 있다. '간소화된 기사보기' 기능을 활용하면 '광고를 제거한 화면'을 볼 수 있다는 장점도 있다.

08

영화/드라마

영화나 드라마에서도 소재를 찾을 수 있다

영화나 드라마를 시청하면서도 스피치 소재를 찾을 수 있다. 영화나 드라마를 볼 때는 전체 내용을 요약하고 자신의 느낀 점을 정리해 두자. 다음 3가지 항목 중 하나만이라도 메모를 해두면 요긴하게 쓰일 것이다. 모두에게 알려진 고전 작품이나 최신 작품을 인용하면 더 많은 공감을 얻을 수 있다. 남들이 알지 못하는 새로운 작품을 소개하는 것도 신선한 접근이 될 것이다.

1. 작품의 개요 또는 줄거리

2. 작품 속의 뉴스거리, 인상적이었던 장면, 명대사

3. 소감, 느낌, 생각 등

다음의 사례는 생각정리클래스의 학습자가 영화 〈국제시장〉을 보고 느낀 점을 접목시켜 '국제시장과 부모의 마음'이라는 스피치를 구성한 것이다. 자신의 생각과 작품의 줄거리가 잘 버무려져 스피치 내용이 구성된 것이 인상적이다. 다음 내용을 한 번 읽어보며 영화 소재가 어떻게 활용되는지 살펴보자.

1) 작품의 개요 또는 줄거리

영화 〈국제시장〉은 6.25 전쟁을 겪어내고, 외화를 벌어들이기 위해 외국 광산에서 힘든 노동을 하고, 베트남 전쟁에서 목숨을 걸고 싸워야 했던 우리 부모님 세대들의 이야기입니다.

2) 작품 속의 뉴스거리, 인상적이었던 장면, 명대사

영화 내용 중 많은 것을 생각하게 하는 장면이 있었습니다. 아내의 만류에도 가족들을 위해 돈을 벌러 베트남 전쟁터로 떠난 주인공 덕수(황정민)가 아내에게 이런 내용의 편지를 보냅니다.
"전쟁을 치루고, 광산에 가고, 전쟁터에서 고생을 하는 것이 내 자식인 것보다 나니까 얼마나 다행이냐…."

3) 소감, 느낌, 생각 등

이 세상 모든 부모님의 마음이 바로 이런 마음이지 않을까를 생각하며 가슴이 뭉클했습니다. 영화를 보았지만 영화가 아닌 부모님들의 인생과 마음을 전해들은 시간이 된 것 같았습니다. 영화는 끝났지만 대부분의 사람들이 바로 일어서질 않더군요. (중략) 저 또한 부모님 세대에서 어떤 마음으로 살아왔는지를 이 영화를 통해 알게 된 것처럼, 누군가는 분명히 우리 아이들에게 부모님의 마음을 이야기해 주고, 그 마음을 이해할 수 있게 해주는 역할이 필요하다는 생각을 했습니다.

09

강의/전문가

강의를 통해 자료 수집하기

스피치 소재를 찾는 방법 중 하나는 주제와 관련된 강의를 듣는 것이다. 인터넷과 유튜브에서 검색해 보면 각 분야의 전문가들이 진행하는 강의 영상이나 책을 출간한 저자의 강연회 영상을 어렵지 않게 찾을 수 있다. 〈세상을 바꾸는 시간 15분〉〈TED〉와 같은 대형 강연회도 온·오프라인에서 만나볼 수 있다. 온라인 서점과 교보문고 등의 서점에서도 저자 강연회를 확인할 수 있다.

강연은 보통 공개·정규과정으로 나뉜다. 공개특강은 상대적으로 비용이 저렴하지만 맛보기 강좌인 경우가 많다. 정규과정은 수십만 원의 비용을 지불해야 들을 수 있으며 수준 높은 양질의 정보를 제공한다. 만일 정규과정을 듣기 전 공개특강을 들을 수 있다면 먼저 참석해 보자. 공개특강을 통해 강사의 교육스타일과 커리큘럼을 미리 확인할 수 있기 때문이다. 효과적으로 강의 정보를 얻을 수 있는 방법은 무엇이 있을까? 강의자료를 수집하는 5가지 방법을 알아보자.

효과적으로 강의자료를 얻는 방법

1) 미리 책을 읽고 가자

강연자가 저술한 책이 있다면 강의를 듣기 전 미리 읽고 가면 좋다. 어떤 강의도 한 번에 내 것으로 만들기는 어렵다. 미리 책을 읽고 궁금한 점을 정리한 뒤 강연자를 만난다면 관련 주제에 대한 정보를 정리하는데 큰 도움이 될 것이다. 만일 사정상 책을 읽어 보지 못했다면 인터넷에서 책을 검색해 목차라도 미리 훑어보자. 강연자의 관련 기사 또는 정보를 살펴보는 것도 좋다. 관심을 갖는 만큼 정보를 얻을 수 있을 것이다.

2) 교육자료를 받자

오픈 마인드를 가지고 있는 강연자들은 자신의 교육자료를 흔쾌히 공개한다. 나 역시도 청중들에게 교육 PPT는 물론이고 필요하다면 교육자료를 이메일로 보내준다. 미리 허락을 받았다면 PPT 화면을 사진으로 촬영하는 것도 좋다. 단, 교육자료는 창작자의 노력으로 만들어진 자료이므로 추후 사용시에는 저작권(출처)을 반드시 밝히기 바란다.

3) 가능하다면 녹음하자

강의 정보는 시각정보와 청각정보로 얻을 수 있다. 앞서 이야기했듯이 시각정보(PPT 등)는 강의 후 이메일로 받아 보관하면 좋다. 청각정보는 어떻게 해야 할까? 말이라는 게 한 번 들었을 때는 이해되지만 시간이 지나면 모두 망각된다. 만일 가능하다면 행사 담당자에게 사전에 양해를 구하고 스마트폰에 녹음을 해두면 좋다. 녹음한 정보 중 필요한 내용은 녹취하여 문서화해 두면 도움이 될 것이다. 저작권 문제로 녹음이 불가한 경우도 있으니 주의하길 바란다.

4) SNS에 후기를 작성하자

전문가와 가장 빨리 친해질 수 있는 방법이 한 가지 있다. SNS에 후기를 정성껏 작성하는 것이다. 저자나 연사들은 가끔씩 인터넷에 올라온 후기를 검색해 본다. 자신의 콘텐츠가 어떤 사람에게 어떤 유익함을 줬는지 궁금하기 때문이다. 콘텐츠의 완성은 저자가 아니라 독자에게 있고 강사가 아니라 청중에게 있다. SNS에 후기를 남긴다면 콘텐츠가 정리되니 본인에게도 좋고, 분야의 전문가와 친해질 수 있는 계기가 된다.

5) 인터뷰를 요청하자

1:1로 진행되는 강의가 아닌 이상 강연회에서 당신이 원하는 정보를 100% 얻기는 힘들다. 이런 경우 강연자에게 인터뷰나 상담을 요청하여 만남을 시도해 보는 것도 좋다. 대부분의 강연자들은 자신의 콘텐츠에 대해 적극적인 청중을 감사히 여기며 반겨준다. 만일 인터뷰

가 성사될 경우 구체적인 질문지를 미리 준비하여 강연자를 배려하면 좋다.

대상 : 복주환 강사	일시 : 2월 2일 14:00~15:00	장소 : 강남역 카페
질문1	취업 · 면접에서 말을 잘할 수 있는 방법은 무엇인가요?	
질문2	나만의 콘텐츠를 만드는 생각정리방법은 무엇인가요?	
질문3	강사님의 미래 비전은 무엇인가요?	

10

자료를 수집할 때
주의해야 할 것

스피치와 관련된 자료는 평소에 틈틈이 수집해야 한다. 관심을 가지고 주변을 관찰하다 보면 스피치 재료가 되는 수많은 지식과 자료들이 있다. 자료는 크게 3가지 대상에서 찾을 수 있으며, 각각의 특징과 자료 수집시 유의할 점은 다음과 같다.

개인이 보유하고 있는 것

3가지 정보 중 가장 전문성이 높은 것이 바로 개인이 보유하고 있는 정보이다. 자신의 경험과 생각·상상 등이 포함되는데, 개인이 보유하고 있는 정보는 자신만의 것이기 때문에 전문성이 높다는 장점이 있다. 하지만 일반화가 어렵다는 한계가 있기 때문에 스피치를 할 경우 개인이 보유하고 있는 정보를 근거나 사례로 사용하기 위해서는 청중과 관계적 공감대를 만들어야 하며, 반대로 누군가의 경험을 들을 때에는 상대의 전문성을 존중해야 한다.

남들이 만들어 놓은 것

남들이 만들어 놓은 정보 중 대표적인 것이 책이다. 책은 한 가지 주제에 대한 빅데이터라 해도 과언이 아니다. 스피치 주제와 관련된 좋은 책을 찾았다면 수많은 정보와 지식을 한 번에 얻을 수 있다. 더불어 인터넷 기사, 논문뿐만 아니라 영화, 드라마와 같은 콘텐츠에서도 정보를 얻을 수 있다. 다만 남들이 만들어 놓은 정보는 쉽게 찾을 수 있지만 주관성이 강한 정보도 많기 때문에 목적을 명확히 하고 객관성을 유지해야 한다. 또한 정보를 사용할 때에는 출처를 분명히 밝혀 저작권 문제가 생기지 않도록 유의한다.

현장에 존재하는 것

3가지 대상 중 가장 신뢰성이 높은 정보는 바로 '현장에 존재하는 것'이다. 그러나 그저 눈앞에 보이는 사실에 불과하기 때문에 전문성은 낮은 편이다. 따라서 현장에 존재하는 정보를 수집할 때에는 사실 지향적으로 접근해야 하며, 기준을 명확히 해야 한다.

스피치에 필요한 다양한 자료는 주장을 입증하는 사례·통계·증언 등으로 활용될 수 있다. 한마디로 스피치의 풍성한 내용이 되는 것이다. 스피치의 공신력을 높이기 위해서는 개인의 생각은 물론 남들이 만들어 놓은 전문지식과 현장의 사실 정보를 함께 전달하는 것이 좋다.

스피치 자료 관리

제4장에서는 스피치 자료를 어디서 어떻게 찾는지 방법을 살펴봤다. 스피치 자료는 크게 두 가지로 나뉜다. 개인이 보유하고 있는 자료와 남들이 만들어 놓은 자료가 있다. 개인이 보유하고 있는 자료는 아이디어와 경험·느낌·상상 등이 있는데, 메모하기와 일기쓰기를 통해 자료를 수집할 수 있다. 남들이 만들어 놓은 자료는 책, SNS·인터넷·영상, 학술정보, 뉴스·신문, 영화·드라마, 강의·전문가 등이 있다.

스피치 자료를 찾을 때 유의해야 하는 사항이 있다. 개인이 보유하고 있는 정보는 전문성은 높지만 일반화하기 어렵다는 단점이 있다. 따라서 개인이 보유한 전문지식은 현장의 사실정보를 함께 전달하는 것이 좋다. 남들이 만든 자료는 사용할 때에는 출처를 분명히 밝혀 저작권 문제가 없도록 해야 한다. 현장에 존재하는 자료는 사실에 불과하기 때문에 차별화된 자료를 만들기 위해서는 자신의 관점을 담아 정리해야 한다.

스피치를 잘하고 싶은가? 고수와 하수의 차이는 '스피치 창고'의 유무다. 그 창고의 소재가 얼마나 방대하고 정교한가를 보면 알 수 있다. 끝으로, 당신에게 이렇게 말하고 싶다.

"스피치 자료 창고를 보여주세요.
그럼 당신의 스피치 수준을 알려드리겠습니다."

5장

스피치를 준비하는 모든 과정이 '생각정리'다!

01

스피치가 만들어지는
과정

누구나 갑작스럽게 스피치 요청을 받으면 자신감보다 두려움이 앞선다. 과연 내가 할 수 있을까? 실패하면 어쩌지? 창피만 당하는 거 아닐까? 도전과 포기 사이에서 마음의 갈등이 생긴다. 이처럼 대중 앞에 서서 말하는 것은 누구에게나 쉽지 않은 일이다.

스피치는 발표 직전까지 생각을 정리하는 과정의 연속이다. 성공적인 스피치를 위해서는 무엇보다도 계획이 중요하다. 전하고자 하는 메시지에 대해 어떻게 생각을 정리하고 표현할 것인지 전략적으로 계획을 세워야 한다.

제5장에는 스피치가 만들어지는 과정을 담았다. 생생하게 과정을 전달하기 위해 필자의 실제 경험을 바탕으로 내용을 재구성했다. 시간의 흐름으로 정리된 내용을 차근히 읽다 보면 스피치 제작과정을 간접체험할 수 있게 될 것이다. 특히 직업 강사를 꿈꾸는 분들은 강

의에 도움이 되는 노하우를 얻을 수 있을 것이다.

청중 앞에서 스피치를 멋지게 해내고 박수갈채를 받는 그 순간을 꿈꿔보자. 스피치를 열심히 준비하고 인정받을 때 얻는 보람, 청중들과 소통하며 하나가 된 순간의 희열과 기쁨은 무엇과도 바꿀 수 없는 값진 선물이다. 두려움을 극복하고 성공적으로 스피치를 하는 방법은 무엇일까? 이제부터 '스피치가 만들어지는 과정'을 살펴보자.

02

스피치를 요청받으면
누구나 두렵다!

교육의뢰

생각정리클래스로 한 통의 전화가 걸려 왔다. 교육출강 문의였다. 대한민국 3,000여 명의 생활체육지도사를 대상으로 총 18회 차 교육을 진행해 달라는 요청이었다. 대기업, 관공서, 대학교 등에서 매년 수천 명의 학습자를 만나고 있는 나는 '생각정리'를 주제로 교육하는 것은 어떤 대상이든 어려움이 없었다. 그러나 요청사항을 자세히 들어보니 진지하게 고민해 볼 부분이 있었다.

이번에 저희가 의뢰드리고 싶은 것은요. 단순히 '생각정리스킬' 교육이 아니라 이를 활용해서 생활체육지도사들이 '트렌드'를 이해하고 분석할 수 있는 방법을 배우는 거예요. 주제가 조금 어려울 수도 있는

데 복 강사님이라면 '생각정리스킬'과 '트렌드'를 잘 연관지어 교육해 주실 것 같아 문의 드립니다. 혹시 이렇게도 가능하신가요?

하루 동안 고민해 보고 다시 연락을 드리겠다고 말한 뒤 전화를 끊었다. 선뜻 OK 하지 않고 망설였던 것은 어찌 보면 당연한 일이었다. 공식적인 자리에서 '생각정리스킬'과 '트렌드'를 연관지어 강의하는 것은 처음이었기 때문이다. 게다가 시간도 얼마 남지 않은 상황이었다. 조금이라도 다행스러웠던 것은 평소 '트렌드'에 관심이 많아 관련 도서를 많이 읽었고 관련 자료를 꾸준히 수집했다는 것이다. 스터디 모임에서 발표한 경험도 있었다. 하지만 불안했다. 짧은 시간 동안 트렌드에 생각정리스킬을 접목시켜 완성도 높은 콘텐츠를 만들 수 있을까? 실패하면 어쩌지? 괜히 못해서 망신당하는 거 아닌가? 그냥 포기할까? 당신이라면 이러한 상황에서 어떻게 할 것인가?

대부분 강의 요청을 받으면 콘텐츠가 완성된 상태가 아니라 그때부터 만들어야 하는 상황일 경우가 많다. 누구나 이런 경우 콘텐츠가 완성되기 전까지 불안하고 스트레스를 받는다. 이것은 비단 우리뿐만 아니라 김미경 강사도 마찬가지다. 그녀는 〈김미경 쇼〉에서 이런 말을 했다.

제가 제일 좋아하는 일이 뭔지 아세요? 강의하는 거. 제가 제일 싫어하는 일이 뭔지 아세요? 강의 준비하는 거. (청중 웃음) 내가 강의 준비하는 거 좋아하는지 알았죠. 아니에요. 얼마나 고역스러운지 알아요? 자, 오늘 스피치를 강의하기 위해서 한 일은 무엇이냐면, 우리 직원 콘텐츠 팀과 같이 이틀 동안 회의하면서 가장 겹치지 않으면서 요즘 신선한 콘텐츠를 뭐해야 되느냐. 이걸 이런 용어로 만들자. 에피소드는 이걸 넣자. 그다음 리허설 3~4번 하면서 원고를 몇 번 수정하고 아주 자연스럽게 10번 정도 리허설 하고 제가 이 자리에 섭니다. 자, 이게 재미있어요? (청중 웃음) 얼마나 고통스러운지 알아요? 나도 누워있고 싶다고요. 하기 싫다고요. 좋아하는 70%를 위해 싫어하는 30%를 해야 해요.

김미경, tvN 〈김미경 쇼〉 중에서

나 역시도 마찬가지였다. 3,000여 명의 청중을 만족시키는 강의를 하기 위해서 그만한 노력과 과정이 필요했다. 우리가 두려움이 생기는 이유는 미래를 예측할 수 없기 때문이다. 피터 드러커가 말했듯 미래를 예측하는 가장 좋은 방법은 미래를 결정하는 것이다. 시간이 충분하지 않지만 계획을 잘 세워서 준비한다면 좋은 콘텐츠를 만들 수 있을 것이다. 다양한 주제로 생각정리스킬을 교육하는 것, 그래서 사람들의 생각을 업그레이드하는 것, 이것이 나에게 주어진 사명 아닌가? 그래, 한 번 도전해 보자. 할까 말까 고민될 때는 하라고 누군가 말하지 않았던가! 이번 기회에 좋은 콘텐츠를 만들어 보자. 계획을 세우고 체계적으로 스피치를 준비해 보자. 준비하면 잘할 수 있다. 마음을 다잡고 다음날 아침, 교육담당자에게 전화했다.

"여보세요? 이번 교육,

한 번 해보겠습니다!"

Tip. 강의 의뢰서를 미리 받자

강의 의뢰서 (기획서)				
수신	○○ 회사 ○○○ 담당자 님			
발신	생각정리클래스 복주환			

원활한 교육진행을 위해 다음 교육 의뢰사항을 기재해 주시길 바랍니다. 자세히 기재해 주시면 강사님께서 교육을 준비하심에 많은 도움이 될 뿐만 아니라, 귀사의 교육 기대효과를 높일 수 있습니다.

– 아　래 –

교육강사	복주환 (《생각정리스킬》 저자)			
교육대상	전국 생활체육지도사	교육인원		회당 약 160명 / 총 3,000명
교육생 직급	생활체육지도사	교육생 업무		교육/운영/관리
교육생 분석	성비 : 남 · 여 약 4:1 / 연령대 : 30대 초중반			
교육일정	총 18회	교육시간		2시간
교육장소	서울, 수원, 인천, 강원, 대구, 전주, 부산, 제주			
교육장 시설 및 체크사항	PC	빔	무선 마이크	화이트 보드	책상배치
	○	○	○	○	일자형
교육 주제	생각정리스킬 & 트렌드			
교육 목표	생각정리스킬을 활용해 트렌드를 이해하고 분석할 수 있다.			
의뢰사 요청사항	생활체육지도사들이 생각정리스킬을 활용해 트렌드를 리딩하고 활용할 수 있는 방법을 교육해 주시기 바랍니다.			
전체 교육일정	08:30~09:30	오리엔테이션 & 조별 토의		
	10:00~12:00	생각정리스킬 & 트렌드 교육		

03

[Step 1]
계획부터 먼저 정리하라

스피치 준비

주어진 시간 내에 완성도 높은 스피치를 하려면 가장 먼저 무엇을 해야 할까? 집을 짓는 데도 순서가 있듯 스피치도 준비하는 순서가 있다. 스피치를 준비하다 보면 무작정 '말'부터 하고 싶은 마음이 생긴다. 하지만 이를 억누르고 '생각정리'부터 철저하게 해야 한다. 계획을 세워야 한다. 주제선정, 자료수집, 내용구성 등 생각정리를 먼저하다 보면 처음에는 느린 것 같아 보여도 시간이 지날수록 가속도가 붙는다. '말'이 아니라 '생각정리'부터 하는 게 올바른 준비순서다. 스피치에 있어서 생각정리는 3단계로 이루어진다.

1단계) '생각수집'을 해야 한다

청중을 분석해야 하고 그에 알맞게 주제를 정한다. 그다음 자료를 수집한다. 발표하기 직전까지 관련된 자료는 계속해서 수집한다. 양질의 정보는 많으면 많을수록 좋다.

2단계) '생각설계'에서 스피치 대본을 만든다

구슬이 서 말이어도 꿰어야 보배라는 말이 있다. 논리의 흐름을 만들고, 흩어져 있는 정보를 하나로 엮는 작업이 필요하다.

3단계) '생각표현'은 완성된 대본을 바탕으로 스피치를 한다

생각수집과 생각설계를 우선적으로 하고, 표현은 그다음에 해야 한다. 물론 계획을 짠다 해도 100% 생각대로 진행되지는 않는다. 그럼에도 불구하고 계획을 세우면 해야 할 일에 대한 우선순위가 정해지고 체계적으로 준비할 수 있다. 체크리스트를 살펴보며 준비해야 할 것들을 점검해 보자.

〈스피치 준비를 위한 체크리스트〉	
단계	체크리스트
1단계 생각수집	☐ 1. 주제와 목적이 정리되었는가? ☐ 2. 청중 분석을 하였는가? ☐ 3. 주제와 관련된 소재를 충분히 준비하였는가?
2단계 생각설계	☐ 1. 서론과 결론의 내용이 잘 정리되었는가? ☐ 2. 본론의 논리가 설득력 있게 구성되었는가? ☐ 3. 논리의 비약 또는 오류가 없는가?
3단계 생각표현	☐ 1. PPT의 논리구성 및 디자인이 완성되었는가? ☐ 2. 대본이 매끄럽게 말로 표현되는가? ☐ 3. 준비한 내용이 청중에게 잘 전달되는가?

04

[Step 2]
청중을 철저히 분석하라

주제에 대해 얼마나 알고 있는가?

스피치를 준비할 때는 주제에 대해 알고 있는 것과 모르는 것을 객관화할 필요가 있다. 무지함을 아는 만큼 앎에 가까워질 수 있기 때문이다. 스피치는 딱 아는 만큼만 전달할 수 있다. 생각보다 많은 사람들이 어떤 주제에 대해 몰라도 알고 있다고 착각하는 경우가 많다. 그 결과 콘텐츠에 대한 준비가 미흡해지고 만족스럽지 못한 발표를 하게 된다.

EBS 프로그램 〈학교란 무엇인가〉에서 재미있는 실험을 했다. 상위 0.1%의 학생과 일반학생 두 집단을 나눴다. 서로 연관성이 없는 단어 25개가 제시된다. 학생들은 하나라도 외우기 위해 집중한다. 각 단어당 3초씩 75초 동안 최대한 많은 단어를 기억해야 한다.

생각정리스피치

"본인이 기억하고 있는
단어의 개수를 적어 주시기 바랍니다."

10개, 5개, 8개 등 제각각 자신이 기억하고 있는 개수를 적는다. 상위 0.1% 집단과 일반학생 집단이 기억력에 있어서는 비슷한 수준이다. 이제 기억하고 있는 단어를 종이에 적는다. 예측된 결과와 실제 결과의 차이는 얼마나 벌어질까?

상위 0.1% 학생들은 자신이 예상했던 개수만큼 정확히 단어를 적었다. 반면, 일반학생들은 예측했던 개수만큼 단어를 적지 못했다. 이 실험에서 알 수 있는 것은 사실 기억력 자체의 차이가 아니다. 자기가 얼만큼 할 수 있을 것인지 그것을 보는 안목과 예측능력에 대한 차이다. 쉽게 말해 내가 아는 것과 모르는 것을 구분하는 차이였다. 이 실험을 통해 상위 0.1%의 학생들이 학습능력이 뛰어난 이유는 아는 것과 모르는 것을 정확히 인지한다는 것이다. 아는 것과 모르는 것을 구분해 모르는 것에 대해 더 공부를 하는 것이다.

스피치도 마찬가지다. 그 주제에 대해 내가 아는 것과 모르는 것을 정확히 구분해야 한다. 모르는 것을 인지한 만큼 준비할 수 있다. 아는 것과 모르는 것을 파악하기 위해서는 머릿속에 있는 생각과 지식을 모두 끄집어내 기록해 봐야 한다.

나는 체계적인 스피치 준비를 위해 현재 나의 상태는 어떠한지, 내가 아는 것과 모르는 게 무엇인지 메모장에 적어보며 나를 객관화했다. 트렌드에 대한 지식을 아는 만큼 정리해 봤다. 그 결과, 내가 공부해야 할 내용은 무엇이며, 어떤 자료가 더 필요한지 파악할 수 있었다. 그 당시 메모장에 적었던 내용의 일부다.

나는 누구인가? 생각정리클래스의 대표 강사다. 현재 나의 상태는
어떠한가? '생각정리스킬'에 대한 지식은 충분하지만 '트렌드'에 대한
지식이 부족한 편이다. 가장 먼저 해야 할 일은 '트렌드'에 대한 자료 수
집 및 분석이 필요하다. 트렌드의 개념을 확실히 정립하고, 생활체육
트렌드가 무엇인지 알아야 한다. 생활체육지도사들에 대해 조사해야
하고, 그들에게 필요한 내용이 무엇인지 확실히 파악해야 한다. '트렌
드'에 관련된 기사, 논문, 책, 영상 등의 자료를 살펴보자. 생활체육지도
사를 만나 인터뷰를 해서 현장의 목소리를 들어보자. …… (이하 생략)

청중은 누구인가?

자신의 현 상태를 파악했다면 두 번째로 청중에 대해 분석해야 한다.
스피치는 청중 분석에서 출발한다. 청중이 누구인지, 무엇을 원하는
지 알아야 맞춤형 콘텐츠를 만들 수 있다.

생활체육지도사는 누구인가? 인터넷 홈페이지에 들어가 그들이 하
는 일에 대해 분석을 시작했다. 생활체육지도사는 현장에서 주민들을
대상으로 체육 지도를 하며 행정업무를 함께하고 있다. 이들은 어떤
고민이 있을까? 인터넷을 찾아봤지만 그 정보만으로는 부족했다. 현
장의 목소리를 들어야 했다. 잘 생각해 보니 생활체육지도사로 활동하

고 있는 지인이 떠올랐다. 그에게 전화를 해서 그들이 어떤 고충이 있고 무엇이 필요한지 파악했다. 생활체육지도 현장을 방문해 관련된 사람들에게 인터뷰를 요청했다. 다양한 각도로 의견을 듣기 위해 교육 담당자, 체육을 지도하는 선생님, 행정업무 담당자, 체육관 원장 등을 만나 인터뷰를 했다. 20대부터 50대까지 어떤 고민이 있는지 무엇이 필요한지 현장의 목소리를 들었다. 그 결과, 그들이 원하는 메시지가 무엇인지 분명해졌다.

Tip. 구글 설문지를 활용하여 원츠를 분석하라

생각정리클래스 주최로 공개강연회를 진행할 때 '구글설문지'를 활용하여 원츠를 분석한다. 참여하는 학습자는 회사의 규모도, 직급도, 나이도 모두 제각각이다. 생각정리는 분야가 워낙 넓어 사전조사를 하지 않으면 그들이 원하는 정보를 맞춤형으로 제공하지 못한다. 따라서 상대방이 듣고자 하는 원츠를 미리 파악해야 만족도 높은 강의를 할 수 있다. '구글설문지'는 만들기 쉽고 설문 결과를 즉시 통계낼 수 있다는 장점이 있다. 설문 결과는 맞춤형 콘텐츠를 만드는데 큰 도움이 된다.

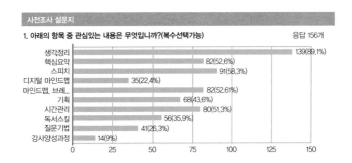

05

[Step 3]

핵심 메시지를 선정하라

청중을 분석하는 과정에서 생활체육지도사에게 필요한 메시지를 고민했다. 트렌드에 대한 이론과 지식보다는 스스로 트렌드를 분석하고 만들 수 있는 방법을 제공하고 싶었다. 아이디어가 떠올랐다면 전달하고 싶은 핵심 메시지를 정리한다. 좋은 메시지의 특징은 한 문장으로 정리되며 그 안에 스피치의 목표와 줄거리가 담겨져 있다.

〈생활체육지도사를 위한 미래트렌드 생각정리스킬〉
트렌드의 개념을 명확히 이해하고,
생활체육지도사의 미래트렌드를 살펴본 뒤
생활체육 트렌드를 스스로 정리하고 활용할 수 있는
생각정리스킬을 습득한다!

06

[Step 4]
자료는 마지막까지 수집하라

청중 분석과 주제 선정을 마친 뒤 '생활체육지도사' '트렌드'와 관련된 자료를 수집했다. 자료 수집은 발표 직전까지 계속되었다. 많은 양 속에서 양질의 정보를 얻을 수 있고, 자신이 알고 있는 지식과 정보가 올바른지 점검할 수 있다. 또 주장을 뒷받침해 줄 수 있는 더 좋은 근거를 찾을 수 있다. 나는 인터넷(뉴스기사, 영상 등), 관련 도서와 논문, 현장 인터뷰를 통해 자료를 수집했다.

책을 참고하자

트렌드 강의를 준비할 때 가장 많이 참고했던 자료는 바로 책이었다. 책은 하나의 주제에 대한 빅데이터다. 어떤 주제든 두 종류의 책을 꼭 찾는다. 첫째는 개론서다. 이 분야에 대해 전체상을 말해주는 책은 구매한다. 그래야 내가 말하고 있는 내용이 어느 지점의 생각이구나 하는 것을 알게 된다. 트렌드에 대해 넓은 개념을 잡을 수 있는 책을 가장 먼저 찾았다. 둘째는 내 의견에 찬성하는 책과 반대되는 책을 찾는다. 예를 들어 나는 트렌드가 필요하다고 말하고 싶은데, '트렌드를 믿지 마라!'라는 주제의 책을 보게 되면 색다른 관점에서 접근할 수 있게 된다. 편협한 시각에서 벗어나 객관적으로 주제에 대해 이야기할 수 있다. 반면 '트렌드가 필요하다!'라는 주제의 책을 보게 되면 그에 알맞은 주장과 근거가 무엇인지 살펴볼 수 있다. 트렌드 강의를 준비하기 위해 100권 이상의 책을 찾아봤고, 그중 10권 정도의 참고도서를 추렸다. 책 여백에 아이디어를 적어 놓기도 하고, 포스트잇을 붙이거나 아니면 종이를 접어 두었다.

유튜브 영상을 수집하자

유튜브에서 '트렌드'를 검색해 최신 영상 위주로 수집을 했다. 외국 사이트에서도 괜찮은 자료가 있으면 모두 수집을 했다. 유튜브는 나만의 목차를 만들어 분류할 수 있기 때문에 자료를 수집할 때 '트렌드 뉴스, 체육지도사 영상, 체육 트렌드' 등 제목을 붙여 분류해 두었다. 1주 차부터 3주 차까지 강의 준비를 시작할 때부터 발표 전날까지 자료 수집과 연구를 멈추지 않았다.

생각정리스피치

07

[Step 5]

스피치 대본을 만들어라

디지털 마인드맵으로 스피치 대본 만들기

스피치 대본을 만들 때에는 디지털 마인드맵을 추천한다. 마인드맵
을 사용하면 방대한 내용을 구조적으로 정리하고 세밀하게 설계하

는데 도움이 된다. 스피치의 줄거리는 위와 같이 목차로 만들어 두면 좋다. 한 페이지로 논리의 흐름을 살펴볼 수 있고, 내용의 '중복'과 '누락'을 방지할 수 있다. 목차를 만드는 순서는 다음과 같다.

1) 질문나열

주제와 관련된 질문을 나열한다. '트렌드란 무엇인가?' '트렌드는 어떻게 분석하는가?' '트렌드를 활용하는 방법은?'과 같이 주제와 관련된 질문을 나열한다. 이 과정에서 스피치의 줄거리와 범위를 파악할 수 있다. 질문을 나열해 보고 필요한 정보만을 간추린다.

2) 항목분류

질문을 항목으로 변환한다. 항목은 키워드다. 질문을 키워드로 변환하는 과정에서 전달하고자 하는 메시지가 확실해진다. 예를 들어 '트렌드란 무엇인가?'라는 주제는 막연하지만 '트렌드 이해'라는 항목으로 변환하고, '트렌드 정의' '트렌드 종류' '트렌드 필요성' 등으로 하위항목을 분류하면 전달하고자 하는 내용이 확실해진다.

3) 순서배열

항목의 순서를 재배열한다. 순서를 재배열하는 과정은 스피치의 흐름을 만드는 과정이다. '내가 말하고 싶은 순서'가 '사람들이 궁금해하는 순서'인지 생각하며 흐름을 정한다. 트렌드를 리딩하고 활용하게 하는 것이 목적이지만 트렌드를 이해하고 분석하는 방법을 아는 것이 먼저이기 때문에 앞쪽의 매핑과 같이 순서를 배열했다.

생각정리스피치

서론 만들기

서론의 역할은 청중을 사로잡는 것이다. 호기심을 유발해야 하고 자연스럽게 본론으로 진입할 수 있어야 한다. 재미있으면서 주제와 관련된 독창적인 아이디어가 무엇인지 생각했다. 트렌드와 관련되면서 관심을 유도할 수 있는 도입방법은 무엇이 있을까? 회차당 160명 앞에서 강연을 해야 하는데 이들을 하나로 만들 수 있는 방법은 무엇일까? 어떻게 시작을 할까? '트렌드, 체육, 스포츠' 공통되는 게 무엇인지 고민을 하던 중 한 가지 좋은 아이디어가 떠올랐다.

'미래예측게임'이라는 이름을 붙여 가위바위보 게임을 하는 것이다. 진부해 보일 수 있지만 트렌드 관점에서 가위바위보는 단순히 게임이 아니었다. 가위바위보와 트렌드는 공통점이 있었다. 예측이 어렵지만, 방법을 알면 승률을 높일 수 있다는 특징이 있었다. 가위바위보 게임을 하며 자연스럽게 스피치 메시지를 전달할 수 있다. 승부욕이 강한 생활체육지도사 분들에게 가위바위보 게임을 통해 흥미를 유발하고 집중시킬 수 있었다.

본론 만들기

한 편의 영화를 보듯이 줄거리를 만들어 보고 싶었다. 1교시가 끝나기 전 청중 모두를 열광시킨 내용이 있었다. '인간과 인공지능 탁구선수의 대결'이라는 흥미로운 주제의 영상을 보여줬다. 영상의 내용은 드라마틱했다. 인공지능 탁구선수는 과연 프로 탁구선수를 이길 수 있는가? 실감나게 보여주기 위해 나는 스포츠 중계하듯이 영상에 맞춰 멘트를 했다. 첫 번째 대결에서 인간 선수가 인공지능 선수에게 무참히 무너진다. 이 모습을 본 체육지도사들은 모두 소리를 내며 좌절한다. 하지만 두 번째 대결에 반전이 있다. 인간 선수가 인공지능 선수의 패턴을 발견한다. 그다음부터는 인공지능 선수를 이긴다. 체육지도사들은 전원 환호성을 지른다. 통쾌하다. 1교시의 핵심 메시지는 아무리 인공지능 시대가 오더라도 생활체육인들은 살아남을 수 있을 것이라는 주제였다. 나는 근거자료와 함께 그들에게 살아남을 수 있다는 메시지를 던졌다. 그들은 환호했다.

결론 만들기

오늘 강의 주제를 한마디로 전달할 수 있는 내용이 무엇이 있을까? 어떤 말을 해야 오랫동안 메시지가 기억에 남을까 고민하던 중 자료 수집 과정에서 인상 깊었던 피터 드러커의 말이 떠올랐다. 이것은 내가 생활체육지도사 분들에게 전하고 싶은 메시지이기도 했다.

"미래를 예측하는 가장 좋은 방법은 미래를 결정하는 것이다."

피터 드러커 (Peter Ferdinand Drucker)

방대한 양의 정보를 한 페이지로 볼 수 있는 디지털 마인드맵(실제 대본)

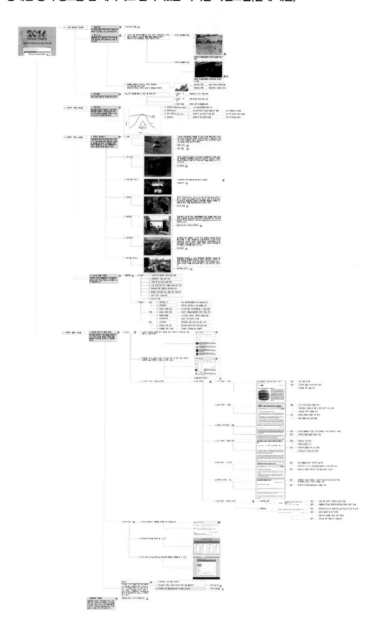

08

[Step 6]

PPT는 간결하게 만들어라

쉽고 빠르게 PPT를 만드는 방법은?

스피치 발표를 준비할 때 가장 귀찮고 힘든 작업 중 하나가 PPT 만들기다. 나 역시도 예전에는 PPT를 만드는 게 어려웠다. 슬라이드에 어떤 내용을 담아야 할까? 세련되게 디자인하는 방법은 무엇일까? 어떻게 표현해야 할지 늘 고민이었다. 파워포인트 강좌를 찾아 들었지만 여전히 스피치를 위한 PPT 만들기에 대한 감이 오지 않았다. 작업은 해야 하는데 아이디어가 떠오르지 않을 때면 인터넷에서 '무료 PPT 제작'을 검색했다. 거기에 올라온 무료 템플릿을 모방하여 PPT를 제작했다. 하지만 문제는 내가 만든 디자인이 아니었으므로 내용을 수정하면 디자인이 조잡해졌고, 이를 다시 수정하는데 시간이 오래 걸렸다. 어느날 SNS에 올라온 카드뉴스를 발견했다. 카드

뉴스란 여러 장의 이미지로 간단명료하게 만든 한 컷 뉴스다. 이것을 보고 문득 아이디어가 떠올랐다.

'PPT를 카드뉴스 만들 듯 만들어 보면 어떨까?'

카드뉴스는 디자인이 심플했고, 군더더기 없이 핵심이 한눈에 보였다. 게다가 카드뉴스는 누구나 쉽게 만들 수 있었다. 인터넷에 올라와 있는 카드뉴스 만들기 방법을 PPT에 접목시켜 만들어 보았다.

카드뉴스 PPT 만드는 방법

PPT를 만들 때는 레이아웃을 만들고 디자인을 입히는 순서로 진행이 된다. PPT를 만드는 나만의 원칙은 가급적이면 PPT를 적게 사용하는 것이고, 만일 사용해야 한다면 한 장 한 장마다 하나의 핵심을 담는 것이다. 텍스트보다는 이미지를 활용하고 디자인은 최대한 깔끔하게 만들어야 한다.

PPT 구조를 잡을 때는 먼저 마인드맵으로 논리를 구성한다. 그다음 PPT를 어떻게 디자인하면 좋을지 한글 문서에서 레이아웃을 만든다. 레이아웃이 만들어지면 파워포인트나 포토샵을 활용해 페이지를 디자인한다. 디자인을 할 때 색상은 주제가 잘 연상되는 색상을 선택한다. 나는 기본 색으로 그레이를 선택했다. 뭔가 로봇을 연상시킬 수 있었기 때문이다. 트렌디하고 깔끔한 이미지를 주기 위해 형광

연두색과 하늘색을 포인트 색상으로 활용했다. 디자인은 배려다. 보기 좋게 균형을 잡기 위해 신경을 썼다. 그리고 난잡하지 않고 통일성 있게 페이지를 디자인했다.

PPT 레이아웃 예시

2016 FUTURE TREND 생활체육지도사를 위한 미래 트렌드 강의 보려고 하는 순간, 새로운 세상이 펼쳐진다	CURRICULUM 2017 FUTURE TREND 1. 트렌드 이해 2. 트렌드 리딩 3. 트렌드 분석 4. 트렌드 활용
트렌드가 만들어지는 이유는?	트렌드 종류 그래프 (이미지)
(허니버터칩 이미지) #허니버터칩	(오타니 쇼헤이 이미지) "생각하는 방법을 배웠다"
왜 트렌드를 알아야 하는가?	"미래를 예측하는 가장 좋은 방법은 미래를 결정하는 것이다." 피터 드러커(Peter Ferdinand Drucker)

PPT 디자인 예시

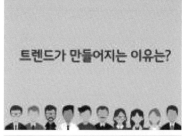

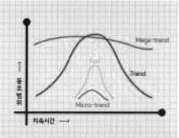

09

[Step 7]
리허설은 실전처럼 준비하라

소리 내며 함께 연습하라

대본이 만들어지고 PPT까지 만들어졌으면 본격적인 연습을 시작한다. 글로 작성한 대본을 말하기로 바꿔해 보며 어색한 부분이 없는지 체크한다. 이해되지 않는 내용은 수정해야 하고 불필요한 내용은 삭제한다. 발표 직전까지도 더 좋은 내용이 있으면 수정한다는 생각으로 준비해야 한다. 리허설을 할 때는 제스처와 함께 움직이면서 해본다.

소리를 내서 연습하는 것과 묵음으로 연습하는 것은 큰 차이가 있다. 소리를 내면서 해봐야 제대로 된 연습이 된다. 기억에도 오래 남는다. 대본을 달달달 외우려고 하지 말고 핵심 키워드를 중심으로 흐름을 기억하자. 연습을 할 때 1차적으로는 혼자서 연습을 하고 어느 정도 자신감이 붙으면 다른 사람 앞에서 연습해 보는 것이 좋다. 진정으로 조언을 해줄 수 있는 친구나 가족 앞에서 시연을 해본다. 피드백은 당신을 위한 것이므로 적극적으로 수용하자.

문어체가 아니라 구어체를 사용하자

스피치를 자연스럽게 하는 비법은 말을 말같이 하는 것이다. 말을 말같이 하다니 그게 무슨 말인가? 보통 사람들은 말을 말처럼 하지 않고, 말을 글처럼 한다. 이것을 문어체라 한다.

문어체는 글말이다. 우리는 말을 할 때는 구어체를 쓰지만 대본을 쓸 때는 문어체로 작성한다. 문제는 그것을 그대로 외워서 말을 하는 게 문제다. 문어체는 글을 위해 쓰는 언어인데 문어체로 말을 하게 되면 당연히 교과서를 읽는 것처럼 말이 어색해질 수밖에 없다. '논리구조'가 보이는 형태로 대본을 만들었다면 말은 구어체로 해보자. 구어체를 하려면 줄임 표현을 하면 된다. 예시를 살펴보며 이해해 보자.

"안녕하세요. 앵커브리핑 손석희입니다."

↓

"안녕하세요. 앵커브리핑 손서킵니다."

"여기는 도시입니다 → 여기는 도십니다."

"이것의 가격은 얼마입니까? → 이것의 가격은 얼맙니까?"

"이것이 문제입니다 → 이것이 문젭니다."

말을 자연스럽게 하는 사람은 스피치를 할 때 구어체로 줄임 표현을 쓴다. 구어체는 투박하게 느껴질 수도 있지만 자연스러운 맛이 있다. 구어체와 문어체 그 중간 정도 되는 느낌으로 말을 하면 세련되면서도 자연스러운 스피치를 할 수 있다.

손은 도대체 어떻게 해야 하나요?

발표 준비를 하다 보면 손을 어떻게 사용해야 할지 몰라 고민일 때가 있다. 손을 잘 쓰면 프로페셔널해 보이는 소통도구가 되지만 자칫 잘못 쓰게 되면 스피치의 질을 떨어뜨리고 유치해 보일 수 있다. 김창옥 교수는 〈세상을 바꾸는 시간 15분〉에서 이런 유머를 던졌다.

> 사람들은 저에게 물어봐요. 교수님, 제가 사람들 앞에서 프레젠테이션을 하는데요. 손은 어떻게 해야 하나요? 앞으로 해야 하나요? 뒤로 하나요? 잘라 버릴까요? (청중 웃음) 어떻게 해야 할지 모르겠다는 거예요.
> 김창옥, 〈세상을 바꾸는 시간 15분〉 중에서

손은 제2의 눈이라고도 불린다. 보이지 않는 말과 생각을 상대방의 머릿속에 그려질 수 있도록 그림을 그려주는 역할을 한다. 말을 잘하는 사람은 제스처를 적극적으로 활용한다. 유재석, 신동엽과 같은 유명 MC들을 보면 방송 내내 마이크를 내려놓지 않는다. 계속해서 말할 준비를 하고 있는 것이다.

그렇다면 제스처를 어떻게 구사해야 할까? 다음 멘트를 입으로 소리 내며 제스처를 해보자.

"여기에 코끼리가 있습니다."

생각정리클래스에서 스피치 교육을 할 때 이런 질문을 하면 아동 뮤지컬처럼 코끼리 코를 만들어 보이는 청중이 있다. 스피치를 할 때 제스처를 과장되게 하면 어색하고 유치해 보인다. 여러 가지 방법이 있겠지만 나의 경우는 상징적인 정도만 표현한다. 코끼리는 형태가 크기 때문에 손으로 '크다' 정도만 표현해 주면 된다. 상징적으로 의미만 전달될 수 있도록 말이다. 다시 한 번 연습해 보자.

"하늘에서 비가 내립니다."

하늘에서 비가 내릴 때는 어떻게 내리는가? 이 경우 위에서 아래로 손을 직각으로 떨어뜨리는 동작만 해도 의미가 전달된다. 포인트는 바로 '의미 전달'이다. 그 포인트를 잘 살려서 제스처를 해보자.

발음 연습을 꾸준히 하라

발음이 명확하면 생각도 명확하게 전달할 수 있다. 다음과 같은 어려운 문장을 소리 내서 꾸준히 연습하면 정확한 발음을 만들 수 있다.

1) 철수책상철책상

2) 신진 샹숑가수의 신춘샹숑쇼우

3) 청단풍잎 홍단풍잎 흑단풍잎 백단풍잎

4) 멍멍이네 꿀꿀이는 멍멍해도 꿀꿀하고 꿀꿀이네 멍멍이는 꿀꿀해도 멍멍하네

5) 우리집 옆집 앞집 뒷창살은 홑겹창살이고 우리집 뒷집 앞집 옆창살은 곁홑창살이다

6) 한영양장점 옆 한양양장점 한영양장점 옆 한양양장점

7) 도토리가 문을 도로록, 드르륵, 두루룩 열었는가 드로록, 두루룩, 두르룩 열었는가

8) 들의 콩깍지는 깐 콩깍지인가 안깐 콩깍지인가 깐 콩깍지면 어떻고 안 깐 콩깍지면 어떠냐 깐 콩깍지나 안 깐 콩깍지나 콩깍지는 다 콩깍지인데

9) 챠프포프킨과 치스챠코프는 라흐마니노프의 피아노 콘체르토의 선율이 흐르는 영화 파워트웨이트를 보면서 켄터키 후라이드 치킨, 포테이토 칩, 파파야 등을 포식하였다.

10) 안촉촉한 초코칩나라에 살던 안촉촉한 초코칩이 어느날 촉촉한 초코칩 나라의 촉촉한 초코칩 왕자를 보고 촉촉한 초코칩이 되고 싶어서 촉촉한 초코칩 나라로 갔더니 촉촉한 초코칩 나라의 문지기가 "넌 촉촉한 초코칩이 아니라 안촉촉한 초코칩이니까 안촉촉한 초코칩 나라에 가서 살아"라고 해서 안촉촉한 초코칩은 촉촉한 초코칩이 되는 것을 포기하고 안촉촉한 초코칩 나라로 돌아왔다.

10

스피치 당일,
생각이 드디어 말이 되다!

스피치 당일이 되었다. 오전 10시에 강의가 시작된다. 강의에 늦지 않기 위해 평소보다 일찍 일어나 준비한다. 최상의 컨디션을 만들기 위해 전신 스트레칭을 한다. 밤 사이 굳었던 표정도 스트레칭을 하며 얼굴을 풀어준다.

중요한 강의가 있는 날이면 전신 스트레칭을 한다. 머리부터 발끝까지 간단하게 스트레칭을 하는데 경직된 근육의 긴장을 풀어주기 위해서다. 10분 정도 전신 스트레칭을 하고 이동하는 차 안에서 표정 스트레칭을 해준다. 스피치는 춤을 추는 것도 아니고 말을 하는 행위인데 스트레칭을 해서 뭐하냐고 생각할 수 있겠지만, 스트레칭을 하면 긴장이 이완되면서 표현이 자유로워질 수 있다.

스트레칭은 운동선수나 무용수, 가수뿐만 아니라 말을 하는 사람도 필수로 해줘야 한다. 연극, 뮤지컬 배우들도 공연 전 발성연습외에 스트레칭을 필수로 한다. 스트레칭을 하는 이유는 간단하다. 더 나은 컨디션으로, 최고의 상태로 준비한 것을 이끌어 내기 위해서다.

만일 시간이 허락된다면 30분~1시간 정도 달리기를 한다. 달리기를 하면 베타엔돌핀의 농도가 높아져 스트레스 해소와 기분전환에 큰 도움을 준다. 그냥 달리면 지루하기 때문에 강의의 주요 메시지를 떠올리며 소리내어 연습하기도 한다. 그 과정에서 생각정리가 되어 스피치를 할 때 막힘 없는 논리로 자신있게 말할 수 있다. 달리면서 소리를 내는 훈련을 하면 발성에도 도움이 되어 힘있는 목소리를 만들 수 있다. 건강한 육체에 건강한 정신이 깃든다는 말이 있다. 몸과 생각은 연결되어 있다. 몸이 긴장하면 생각도 긴장하고, 반대로 몸의 긴장이 풀리면 생각도 풀린다.

어젯밤 미리 준비해둔 의상을 체크한다. 첫인상이 중요하기 때문에 와이셔츠와 바지는 깨끗하게 다림질 해둔다. 왁스로 머리를 단정히 하고 기본적인 메이크업으로 피부 톤을 밝게 한다. 강의장으로 향하기 전 준비물을 체크한다. 노트북, 연결단자, 포인터, 선물용 책 등을 챙긴다.

스피치는 생각을 전하는 행위인 동시에 에너지를 전달하는 행위다. 좋은 콘텐츠를 전달하더라도 부정적 에너지가 느껴지는 사람이 있다. 좋은 스피치를 하려면 긍정적인 에너지 위에 말을 실어 전달해야 한다. 좋은 에너지는 웃음 훈련을 해주는 것만으로도 생긴다. 웃는 얼굴을 만들고 싶다면 웃는 소리를 내야 한다. 나는 강의장으로 가는 동안 5분에서 10분 정도 억지로라도 웃는다. 잘 웃기 위해 얼굴

생각정리스피치

스트레칭도 한다. 웃으면서 긍정적인 에너지를 만드는 것이다. 이건 필수다. 내가 웃는 에너지를 만들고 무대 위에 오르는 것과 연습하지 않고 무대 위에 오를 때의 반응은 완전히 다르다. 내가 먼저 웃을 준비를 하면 대중들도 웃게 된다. 웃다 보면 얼굴 근육이 풀리고, 그로 인해 발음하는 데에도 도움이 된다. 웃음 연습을 마쳤다면 앞에서 제시한 10가지 발음을 연습해 보자.

강의장으로 이동하면서 오늘 전해야 하는 핵심 메시지가 무엇인지 생각한다. 그리고 '자문자답' 형태로 스피치 내용을 정리한다. 트렌드란 무엇인가? 트렌드는 이것이다. 최신 트렌드는 무엇인가? 최신 트렌드는 이것이 있다. 트렌드를 찾는 방법은 무엇인가? 방법은 세 가지가 있다. 이러한 방식으로 내용을 생각하며 논리의 흐름을 기억한다.

빠르면 1시간, 늦어도 30분 전에는 강의장에 도착한다. 담당자와 인사를 나누고 발표에 필요한 기기 점검을 한다. 컴퓨터는 잘 연결되는지 음향은 잘 나오는지 마이크 크기는 적절한지 체크한다. 준비를 마치면 청중석 뒤쪽으로 가서 대기한다. 약간 긴장이 된다. 적절한 긴장은 스피치에 집중하고 에너지를 한 곳에 발산하는데 도움이 된다. 청중의 뒷모습을 보며 분위기를 살펴본다. 이들은 지금 어떠한 상태인가? 분위기가 밝은가? 피곤해 보이는가? 마음속으로 청중과 대화를 한다. '트렌드가 무엇인지 궁금하지 않으세요?' '오늘 교육이 기대되지 않으세요?' '최선을 다해서 내용을 전달해 드리겠습니다.'

담당자가 강연자인 내 이름을 호명한다. 마음속으로 파이팅을 외친 뒤 밝은 미소와 당당한 걸음으로 무대 앞으로 나간다. 수많은 청중들이 나를 바라보고 있다. 무대 중앙에 올라가 자신 있게 인사한다. 박수와 함께 강연이 시작된다.

"안녕하세요.
생각정리스킬 복주환입니다.
반갑습니다!"

1Page 정리 스피치를 만드는 과정

　스피치를 할 기회가 생긴다면 주저하지 말고 도전해 보자. 물론 청중 앞에서 발표를 하는 것은 누구에게나 쉽지 않은 일이다. 두려움을 극복할 수 있는 유일한 방법은 '제대로 된 준비'와 '노력'이다. 급한 마음에 말부터 하고 싶겠지만 '주제선정, 자료수집, 내용구성' 등 생각정리부터 철저히 해야 한다. 처음에는 느린 것 같아 보여도 시간이 지날수록 가속도가 붙는다. 지름길은 빠른 길이다. 빠른 길은 바른길이다.

　스피치는 발표하기 직전까지 생각정리의 연속이다. 스피치를 만드는 과정에서 가장 먼저 해야 할 일은 청중에 대한 분석이다. 그다음 대상에 맞는 핵심 메시지를 선정한다. 발표 직전까지 자신의 생각을 뒷받침해 줄 수 있는 자료를 수집한다. 대본을 만들 때는 결론 → 본론 → 서론 순으로 만든다. '결론'적으로 하고 싶은 말이 무엇인지 정리한다. 논리적으로 '본론' 내용을 설계한 후 호기심을 유발할 수 있는 '서론' 아이디어를 생각한다. 생각정리를 마쳤으면 PPT를 제작한다. 카드뉴스 형식의 디자인을 참고하면 빠른 속도로 PPT를 만들 수 있다. 자신감이 생길 때까지 리허설을 반복하고, 실전처럼 연습해 본다. 발표 당일, 최상의 컨디션을 유지한다. 자신감을 갖고 무대 위에 오른다. 그렇게 정리된 생각은 드디어 말이 된다.

강원국, 《대통령의 글쓰기》, 메디치미디어, 2014

공자, 《논어》, 홍익출판사, 2016

군터 카르스텐, 《기억력, 공부의 기술을 완성하다》, 장혜경 역, 갈매나무, 2013

김미경, 《아트스피치》, 21세기북스, 2014

김범수, 《진짜 공신들만 보는 대표 소논문》, 더디퍼런스, 2016

김정운, 《에디톨로지》, 21세기북스, 2014

남충식, 《기획은 2형식이다》, 휴먼큐브, 2014

막스 피카르트, 《침묵의 세계》, 최승자 역, 까치, 2010

바바라 민토, 《논리의 기술》, 이진원 역, 더난출판사, 2004

박신영, 《기획의 정석》, 세종서적, 2013

배상복, 《글쓰기 정석》, 엠비씨씨앤아이, 2015

부경복, 《손석희가 말하는 법》, 모멘텀, 2013

쇼펜하우어, 《쇼펜하우어 문장론》, 김욱 역, 지훈, 2005

스피치와 토론 교과교재 출간위원회, 《소통의 기초 스피치와 토론》, 성균관대학교출판부, 2014

아리스토텔레스, 《아리스토텔레스 수사학》, 이종오 역, 한국외국어대학교출판부, 2015

앤서니 웨스턴, 《논증의 기술》, 이보경 역, 필맥, 2010

유시민, 《유시민의 글쓰기 특강》, 생각의길, 2015

임정섭, 《심플》, 다산초당, 2015

전성수, 《자녀교육 혁명 하브루타》, 두란노, 2012

정민, 《다산선생 지식경영법》, 김영사, 2006

조셉 윌리엄스, 그레고리 콜럼, 《논증의 탄생》, 윤영삼 역, 홍문관, 2008

생각정리스피치

최훈, 《논리는 나의 힘》, 우리학교, 2015
칼 세이건, 《코스모스》, 사이언스북스, 2006
하상욱, 《서울 시》, 중앙북스, 2013

강연

제1장 생각정리를 잘하면 스피치는 덤이다!
조승연, 〈세상을 바꾸는 시간 15분(이하 세바시)〉, 학교 덕분에 인생 잘 살았다, 2014.1.7.
EBS 다큐프라임 〈공부의 왕도〉, 인지세계는 냉엄하다, 2008.8.4.
설민석, 설민석의 〈명량해전〉, 2014.8.
김창옥, 〈세바시〉, 상처와 열등감으로부터 자유로워지기, 2011.8.30.
김지윤, tvN 〈스타특강쇼〉, 철벽남녀 연애 7단계, 2013.4.12.

제2장 시작과 마무리만 잘해도 사람이 달라 보인다!
김제동, 〈2017 청춘콘서트〉, 웃음에 대한 유머, 2017.10.28.
조승연, 〈2016 KBS 드림하이 콘서트〉, 내 삶의 주어는 I, 나, 2016.12.13.
박세인, YTN 〈청년 창업 런웨이〉, 셀프 브랜딩 시대를 열다, 2017.10.7.
김미경, 〈세바시〉, 꿈길에서 절대 빠지면 안 되는 세 가지 샛길, 2014.2.11.
김창옥, 〈김창옥의 포프리쇼〉, 내 인생엔 무엇이 남았나, 2016.1.31.
김지윤, tvN 〈스타특강쇼〉, 철벽남녀 연애 7단계, 2013.4.12.
마윈, 마윈의 실패와 그에 대한 대응 동기부여 영상, 2017.11.17.
김창옥, 〈세바시〉, 상처와 열등감으로부터 자유로워지기, 2011.8.30.
김창옥, 〈세바시〉, 그래 여기까지 잘 왔다, 2013.11.26.
김제동, 〈현대자동차지부 노동자방송〉, 남자가 여자를 대하는 법, 2015.2.26.
김제동, 〈아홉시반 주립대학〉, 술에 대하여, 2014.7.7.
김제동, 〈2017 청춘콘서트〉, 2017.10.28.
최재웅, 〈세바시〉, 당신이라면 할 수 있습니다, 2015.5.18.
정재승, 〈시대와 함께 하는 집〉, 뇌공학, 공간이 뇌에 미치는 영향을 측정한다, 2017.9.21.
김정운, tvN 〈김정운의 여러 가지 문제연구소〉 쏠리는 대한민국, 2013.10.31.
김미경, 〈세바시〉, 스마트한 연애를 위한 남녀탐구생활, 2013.1.23.
김영하, 〈세바시〉, 자기해방의 글쓰기, 2013.5.29.
사이먼 사이넥, 〈타임북스〉, 나는 왜 이 일을 하는가?, 2013.1.31.
손석희, JTBC News, 〈손석희의 앵커브리핑〉, 라면이 익어가는 시간 3분, 2016.8.25.
김대식, 〈플라톤아카데미TV〉, 뇌, 현실, 그리고 인공지능, 2015.4.1.
김창옥, KBS 〈아침마당〉, 목소리에도 인상이 있다

최태성, 〈매카 꽃이 피었습니다〉, 한 번뿐인 젊음, 어떻게 살 것인가, 2015.6.4.

최진기, 〈세바시〉, IT는 왜 인문학을 요구하는가, 2015.12.14.

정철, 〈세바시〉, 당신이 쓰는 모든 글이 카피다, 2016.3.7.

김창옥, 〈세바시〉, 그래 여기까지 잘 왔다, 2013.11.26.

설민석, 설민석의 〈명량해전〉, 2014.8.

강성태, 〈세바시〉, 66일 습관의 기적, 2017.10.3.

제3장 본론 만들기, 오늘 안하면 내일도 못한다!

설민석, 〈단꿈 공식 유튜브 채널〉, 설민석 선생님이 알려주는 3.1절에 대한 3가지 궁금증, 2017.2.27.

손석희, JTBC News, 〈손석희의 앵커브리핑〉, 벚꽃 잎 날리고 봄은 아름다운데…사쿠라엔딩, 2016.4.5.

김미경, tvN 〈스타특강쇼〉, 청춘남녀 주목! ○○만 잘해도 연애는 깨지지 않는다, 2012.8.29.

김지윤, tvN 〈스타특강쇼〉, 철벽남녀 연애 7단계, 2013.4.12.

손석희, JTBC News, 〈손석희의 앵커브리핑〉, 시드니의 지하철… '당신과 함께 탈게요', 2015.11.19

설민석, KBS1TV 〈오늘 미래를 만나다〉, 설민석과 함께하는 통일이야기, 2016.1.2.

김미경, 〈세바시〉, 스마트한 연애를 위한 남녀탐구생활, 2013.1.23

조승연, 〈2016 KBS 드림하이 콘서트〉, 내 삶의 주어는 I, 나, 2016.12.13.

설민석, KBS1TV 〈오늘 미래를 만나다〉, 설민석과 함께하는 통일이야기, 2016.1.2.

설민석, 설민석의 〈명량해전〉, 2014.8.

조승연, 〈세바시〉, 학교 덕분에 인생 잘 살았다, 2014.1.7.

김미경, 〈김미경의 파랑새〉, 스피치 달인이 되는 7가지 법칙, 2011.4.

김미경, BBS 〈양창욱의 아침저널〉, 스타강사 김미경 "많이 못 벌어요", 2015.10.1.

김창옥, tvN 〈어쩌다어른〉 잘하자 vs 즐기자. 작지만 큰 차이, 201710.5.

김창옥, 〈세바시〉, 그래 여기까지 잘 왔다. 2013.11.26.

김미경, BBS 〈양창욱의 아침저널〉, 스타강사 김미경 "많이 못 벌어요", 2015.10.1.

제4장 스피치 실력은 자료를 보면 알 수 있다!

최진기, OhmynewsTV 〈최진기의 인문학 특강, 시즌 2〉, 고대 특강 : 독도는 우리 땅, 2013.3.21.

제5장 스피치를 준비하는 모든 과정이 '생각정리'다!

김미경, tvN 〈김미경 쇼〉, 하기 싫은 30%에서 결판내라, 2013.1.25.

EBS 〈교육대기획 10부작 학교란 무엇인가〉, 8부 0.1%의 비밀, 2010.11.29

김창옥, 〈세바시〉, 상처와 열등감으로부터 자유로워지기, 2011.8.30.

생각정리스피치